01.1

_____ *Aeroports de Paris Ingenierie (ADPI) is one of the world's leading architecture and engineering firms, designing and developing airports as well as major infrastructure projects across the globe*

01.1 INTRODUCTION
HISTORY OF ADPI, ITS ORIGINS AND EVOLUTION

01.1 INTRODUCTION
L'HISTOIRE D'ADPI, SES ORIGINES ET SON ÉVOLUTION

Aeroports de Paris Ingenierie (ADPI) is one of the world's leading architecture and engineering firms, designing and developing airports as well as major infrastructure projects across the globe. ADPI is a subsidiary of the Aeroports de Paris Group who design, operate and develop the major French airports including the Parisian airports Orly in the southern suburbs and Charles de Gaulle (CDG) in the northern suburbs of Paris.

Aeroports de Paris is ranked amongst the most innovative and efficient airport service companies in Europe, employing 9,000 thousand and catering for over 86 million passengers per annum that pass through their Parisian airports. It was created as a government owned corporation in 1945 and became a public company in accordance with the 20 April 2005 airport legislation act.

Founded in 2000, ADPI was established to further the exportation of its architectural and engineering skills and services, in response to a growing inter-national market in airport and infrastructure design and construction.

ADPI est un des leaders mondiaux en architecture et ingénierie, concevant et développant des plateformes aéroportuaires ainsi que de grandes infrastructures à travers le monde entier. ADPI est une filiale du groupe Aéroports de Paris, groupe qui conçoit, développe et exploite les principaux aéroports de la capitale française, notamment Paris-Charles de Gaulle, et Paris-Orly.

Aéroports de Paris compte parmi les groupes aéroportuaires européens les plus innovants et les plus compétents; la société emploie 9 000 personnes et accueille chaque année plus de 86 millions de passagers. Créée sous forme d'entreprise publique en 1945, elle est devenue, en application de la loi du 20 avril 2005 relative aux aéroports et son décret d'application du 20 juillet 2005, une société anonyme.

En l'an 2000, en réponse à un marché mondial des infrastructures et du bâtiment en pleine expansion, Aéroports de Paris décide de pérenniser son offre en matière de conception aéroportuaire, d'architecture, d'ingénierie et d'aménagement pour des Clients externes par la création d'ADPI.

CHARLES DE GAULLE AIRPORT
Exterior view of Terminal 1
showing Caravelle aircraft in 1975

_____*The Shanghai Pudong International Terminal in China marked a turning point for Aeroports de Paris and led to the creation of ADPI, a specific independent design and planning firm focused on the international market*

ABOVE ABU DHABI INTERNATIONAL AIRPORT Interior view of Terminal 1

OPPOSITE SHANGHAI PUDONG INTERNATIONAL AIRPORT External view of the International Terminal

During the 1960s Aeroports de Paris began to export its design skills; beginning in Beirut and moving on to Abu Dhabi, Dar Es Salam, Morocco and Jakarta. These early ventures took place at the same time as the construction of the Orly and Charles de Gaulle Airports. The design teams that worked on CDG Terminal 1 (CDG1) in the 1970s went on to design Abu Dhabi. The centralised circular sculptured form is common to both projects, but where as in CDG1 the markings on the in-situ reinforced concrete are very apparent, in Abu Dhabi the use of a colourful ceramic mosaic patterns the exotic interior.

In 1996 Aeroports de Paris won the competition for the design and the construction of the Shanghai Pudong International Terminal in China. This project, due to its size (more than 220,000m² of floor area for Terminal 1) marked a turning point for Aeroports de Paris and led to the creation of ADPI, a specific independent design and planning firm focused on the international market. From 50 employees in 2000, ADPI has grown to over 600 employees in 2010, embracing 40 different nationalities, and has offices in ten countries (France, United Arab Emirates, Oman, Saudi Arabia, Libya, Lebanon, Qatar, Colombia, China and Russia) and many projects across the globe.

Pendant les années 1960, Aéroports de Paris avait commencé à exporter ses compétences en matière de conception, tout d'abord à Beyrouth puis à Abu Dhabi, à Dar Es Salam, au Maroc et à Jakarta. Ces premiers projets ont été entrepris en même temps que la construction des aéroports Paris-Orly et Paris-Charles de Gaulle. Les équipes qui ont conçu le terminal 1 de l'aéroport CDG dans les années 1970 ont également imaginé l'aéroport d'Abu Dhabi. La structure centrale circulaire est commune aux deux projets, mais, alors que dans le terminal CDG1, les marquages sur le béton armé sont très visibles, à Abu-Dhabi, l'intérieur possède un caractère exotique lié à l'utilisation de mosaïques en céramique de couleurs.

En 1996, Aéroports de Paris a été choisie pour concevoir le nouvel aéroport international de Shanghai Pudong en Chine. En raison de sa taille (plus de 250 000m² de superficie pour le Terminal 1), le projet a marqué un tournant pour Aéroports de Paris et a conduit quatre années plus tard à la création d'ADPI, une société indépendante chargée spécifiquement de la conception et de l'aménagement, et axée sur le marché international. à plus de 600 collaborateurs issus de 40 nationalités différentes. La société est implantée dans 10 pays (France, Emirates Arabes Unis, Oman, Arabie Saoudite, Libye, Liban, Qatar, Colombie, Chine et Russie) et conduit de nombreux projets à travers le monde.

Despite its recent establishment, ADPI is a design firm that holds a unique position on the international market in that it draws on over 60 years of experience in designing and developing airports. It benefits from continuous feedback and support from the Aeroports de Paris operations teams that keep ADPI abreast of all the latest developments and requirements seen from the airport operator's point of view.

ADPI works in all the different fields related to airport architecture and engineering, carrying out specific studies for airport systems such as air navigation equipment, information technology and baggage handling systems, master planning, traffic forecast studies, and design studies for airport infrastructure (runways, aircraft stands, roads) and building facilities (passenger and cargo terminals, air traffic control towers, maintenance hangars…) and operates site supervision for airport installations and construction.

Malgré sa création récente, ADPI occupe une place de choix sur le marché international, car elle est l'héritière de plus de 60 ans d'expérience de sa maison mère dans la conception et le développement d'aéroports. ADPI entretient une relation étroite d'échange d'expérience avec Aéroports de Paris, ce qui permet aux équipes d'ADPI de bénéficier d'un retour continu et direct des dernières évolutions et exigences dans le secteur de l'exploitation aéroportuaire.

ADPI travaille dans tous les domaines liés à la conception et à l'ingénierie aéroportuaire. La société conduit tout aussi bien des études en amont des projets; recherches de site, faisabilité, études économiques, ainsi que des études liées directement à la réalisation des projets; plans de masse, conception complète d'infrastructures (pistes, aires de stationnement, routes) et de bâtiments (terminaux, tours de contrôle, hangars de maintenance…). Elle dispose aussi de toutes les qualifications pour mener les études spécifiques des systèmes aéroportuaires tels que les équipements de navigation aérienne, les systèmes d'information et le traitement des bagages. Enfin elle mène à bien la supervision intégrale de tous types de chantiers.

ABOVE CHARLES DE GAULLE AIRPORT
View of the runway; Airbridges
in Terminal 2F

OPPOSITE SHANGHAI PUDONG
INTERNATIONAL AIRPORT
View of Terminal and surrounding
infrastructure

BEIJING OPERA
View of National
Theatre of China

The design and construction of major airport projects, involving ever increasing complex solutions for large-scale project design and advanced technical solutions, led the ADPI architects and engineers to take on other types of large project challenges in urban environments. Participating in great adventures, such as the building of the National Theatre of China (Beijing Opera), the French Embassy in Tokyo or office towers in Dubai, confirmed ADPI's capacity to carry out major public buildings with characteristics similar to those of airports: large spans, complexity, simultaneous management of traffic and passenger flows, impact on surrounding regions, prestigious operations, high technical requirements. ADPI's main clients are government bodies or public institutions that are in charge of the management and operation of airports. For non-airport projects, ADPI has worked for different ministries (Culture, Sport, Construction…) regional and local authorities, and several private enterprises.

La conception et la construction de vastes projets aéroportuaires supposent à la fois une maîtrise de l'aménagement territorial à des échelles très importantes, mais aussi une forte compétence dans la gestion de projets de bâtiments technologiques et complexes. Forts de cette expérience, les concepteurs et ingénieurs d'ADPI ont entrepris d'aborder d'autres types de projets en milieu urbain. En participant à de grandes aventures telles que la construction du Grand Théâtre National de Chine (opéra de Pékin), de l'ambassade de France à Tokyo ou de tours de bureaux à Dubaï (Tiara Towers), ADPI a confirmé sa capacité à réaliser de grands projets de bâtiments dont les caractéristiques présentent des similitudes avec celles d'un aéroport : grandes dimensions, complexité, gestion de flux massifs de visiteurs, gestion simultanée de divers modes de flux routiers, impact sur le territoire d'insertion, caractère prestigieux, exigences techniques élevées. Les principaux clients d'ADPI sont des organismes gouvernementaux, des établissements publics chargés de gérer et d'exploiter les aéroports, ou différentes entités chargées du développement d'équipements publics (culture, sports, construction…) mais aussi de plus en plus de développeurs privés.

_____ *Participating in great adventures, such as the building of the National Theatre of China (Beijing Opera), the French Embassy in Tokyo or office towers in Dubai, confirmed ADPI's capacity to carry out major public buildings with characteristics similar to those of airports*

FRENCH EMBASSY TOKYO
Emblematic front entrance at night;
Aerial view showing the French Embassy
in the foreground

01.2

_____ Orly and Charles de Gaulle airports are like an 'open book' where little by little the history of each site has been transcribed, and where the history of airport development and aviation can be traced_

01.2 THE PARISIAN AIRPORTS, ORLY AND CHARLES DE GAULLE
FOUNDATION STONES FOR ADPI

The Parisian airports Orly and Charles de Gaulle are, and have always been, a treasured asset for ADPI. The airport sites are considered training grounds where the engineers and architects (from the Aeroports de Paris Group) ambitiously design, build and innovate, and put to the test their technical expertise. Thanks to daily feedback they can also observe the effectiveness of their designs and learn more about the latest airport developments and requirements. Orly and Charles de Gaulle airports are like an 'open book' where little by little the history of each site has been transcribed, and where the history of airport development and aviation can be traced. They have become a showcase of our know-how that clients visit with interest, impressed by the top- class airport standards.

01.2 LES AÉROPORTS PARISIENS PARIS-ORLY ET PARIS-CHARLES DE GAULLE
DES PIERRES FONDATRICES POUR ADPI

Les aéroports parisiens d'Orly et de Charles de Gaulle ont été et sont toujours pour ADPI une ressource fabuleuse. Il s'agit d'un terrain d'épreuve à échelle réelle, où les architectes et ingénieurs du groupe ont pu exercer avec ambition leur compétence et leur goût pour l'innovation. Ce terrain se transforme en véritable laboratoire, où sont observés, au quotidien les effets de la conception, avec un retour d'expérience direct et immédiat dont peu de concepteurs bénéficient. Les aéroports d'Orly et de Charles de Gaulle sont aussi un livre ouvert où s'est inscrite pas à pas l'histoire du développement de chaque plateforme, et à travers elle, celle de l'aménagement aéro-portuaire et du transport aérien. Ils sont une vitrine de savoir faire que visitent avec intérêt les Clients extérieurs, impressionnés par la puissance d'aéroports de premier rang mondial.

ORLY AIRPORT
Exterior view of the
South Terminal

ORLY AIRPORT
Sunday in Orly Airport in 1965

Orly Airport: A New Era: The Mythological Character of Air Transport

Orly Airport, to the south of Paris, was first opened in 1932. Just after the Second World War in 1945 Aeroports de Paris took over the management and the development of the airport with a clear ambition to develop a new international gateway for Paris. A new euphoric era in air travel and terminal design began in Europe with the opening of the South Terminal in February 1961 to cater for a very impressive figure of six million passengers per annum.

Innovation and modernism were the hallmarks of the new South Terminal that embodied the symbolic character of air transport at the beginning of the 1960s: futuristic, luxurious, sophisticated, incorporating the "International Style" symbolising the opening up of France to the world. The functional aspects played an important role in the overall design. Several factors contributed to the innovative character of Orly Airport, in particular, locating the terminal and runways above the National Highway 7, the implementation of the International Style which decreed the primacy of the expression of the industrial spirit of the twentieth century, and the facade composition made up of suspended "curtain walls" especially developed for the project.

The Terminal, with its metal structure and large glazed facades, offers large panoramic views of the airfield and was, in the early years, a destination for many visitors who passed their Sundays enjoying the spacious, bright and fascinating atmosphere that reined in the Terminal. The Terminal was the most visited French monument in 1965 with four million visitors alone.

Orly Airport today, in 2010, is composed of two passenger terminals (South and West), a cargo terminal, a large maintenance area and three runways. The airport caters for about 26 million passengers and 100,000 tonnes of cargo per annum.

Aéroport Paris-Orly: Une nouvelle ère: Le caractère mythique du transport aérien

L'aéroport Paris-Orly, situé à la lisière sud de Paris, a été inauguré en 1932. En 1945, juste après la deuxième guerre mondiale, Aéroports de Paris a pris en main la gestion et le développement de l'aéroport. L'ouverture en février 1961 du terminal sud ayant une capacité d'accueil annuelle impressionnante de 6 millions de passagers marque le début d'une nouvelle ère en matière d'architecture aéroportuaire.

Innovation et modernisme s'invitent à la conception du Terminal Sud, qui matérialise les symboles du transport aérien du début des années 60: futurisme, luxe sophistiqué, style international, qui marque l'ouverture de la France vers le monde. La conception fait déjà entrevoir l'importance du soin à apporter aux réponses fonctionnelles. Plusieurs facteurs contribuent au caractère innovant de l'aéroport d'Orly et en particulier la disposition du terminal et des pistes au-dessus de la route nationale 7, le « style international » correspondant à l'esprit industriel du 20e siècle, et les façades constituées de « murs rideaux » suspendus, mises au point spécialement pour le projet.

Avec sa structure métallique et ses grandes façades vitrées, le terminal offre une vue panoramique sur l'aérodrome. Au cours de ses premières années, le terminal a ainsi accueilli de nombreux visiteurs du dimanche, venus profiter de l'atmosphère spacieuse, lumineuse et fascinante des lieux. En 1965, avec 4 millions de visiteurs, le terminal a été le monument le plus visité de France.

Aujourd'hui en 2010, l'aéroport Paris-Orly comprend deux terminaux passagers (sud et ouest), un terminal pour le fret, une vaste zone de maintenance et trois pistes. L'aéroport gère environ 26 millions de passagers et 100 000 tonnes de fret par an, mais abrite aussi bien d'autres activités, notamment des entreprises de services, des commerces et des industries.

CLOCKWISE FROM ABOVE
ORLY AIRPORT
Aerial view of the South and
West Terminals; Exterior view
of the South Terminal; Ursula
Andress, Paul Belmondo and
Catherine Deneuve in front of
the South Terminal in 1965

Orly Airport houses many other activities including tertiary, commercial and industrial facilities.

Aeroports de Paris designed, built and operate the different facilities and are currently undertaking a new "Airport City", a real estate development combining offices, cultural facilities and commercial outlets to be known as the "Coeur d'Orly" south of Paris and next to the South Terminal.

Les développements prévus par Aéroports de Paris font désormais une part importante au projet de cité aéroportuaire appelée « Cœur d'Orly » : il s'agit d'une grande opération d'aménagement immobilier intégrant bureaux, commerces et services culturels, tout cela au sud de Paris et à proximité du terminal sud.

____ The Terminal embodies an innovative approach to passenger flows and aircraft maneuvers

Charles de Gaulle Airport—Terminal 1:
The Era of the Democratisation of Air Travel

With the expansion in air travel and the evolution in aircraft design in the late 1960s and 70s, Orly Airport alone could not meet the demands for the Paris region. The mythological character and euphoria associated with air transport were replaced progressively by an inevitable democratisation and an evolution in the design criteria in favour of more efficient passenger handling facilities, and greater rationalisation of airport space planning.

On 8 March 1974, Terminal 1 in Charles de Gaulle Airport was opened to the public. The Terminal was designed by Aeroports de Paris Chief Architect, Paul Andreu, following an avant-garde master plan design of a central circular building regrouping the main commercial services for passengers and seven satellites next to aircraft stands connected by underground evocative 'cavernous' tubes equipped with people movers.

The Terminal embodies an innovative approach to passenger flows and aircraft maneuvers:

• Road access and car parking are right next to the Terminal

• Provision was made for a large number of close contact aircraft stands

• A compact terminal with the different functions superposed relying largely on electro-mechanical connections.

L'aéroport Charles de Gaulle—Terminal 1:
L'ère de démocratisation du voyage aérien

A la fin des années 60 et tout au long des années 70, le transport aérien s'est démocratisé et a connu dès lors une très forte croissance. L'aéroport Paris-Orly ne pouvait alors plus suffire, à lui seul, aux besoins de la région parisienne. Un nouvel aéroport parisien devait alors être construit dans le respect de critères d'efficacité des installations de traitement de passagers chaque fois plus nombreux et d'une utilisation rationnelle de l'espace aéroportuaire.

Le 8 mars 1974, le terminal 1 de l'aéroport Paris-Charles de Gaulle a ouvert ses portes dans la banlieue nord de Paris Le terminal a été conçu par Paul Andreu, architecte en chef d'Aéroports de Paris, suivant un plan d'aménagement avant-gardiste : un bâtiment central circulaire regroupant les principaux services destinés aux voyageurs, ainsi que sept satellites au cœur des aires de stationnement avions et connectés au terminal par des tunnels souterrains équipés de travelators.

Le projet du Terminal 1 matérialise la volonté d'innover et repenser entièrement la conception afin d'optimiser l'ensemble des processus liés au flux des passagers et des avions sur la plateforme :

• Accès routier et parkings au plus près du terminal

• Grand nombre d'aéronefs stationnés au contact de l'aérogare

• Compacité du terminal par l'empilement des fonctions au sein d'un bâtiment qui fait un large appel pour son fonctionnement à des systèmes électromécaniques sophistiqués.

OPPOSITE
CHARLES DE GAULLE AIRPORT
Aerial view of CDG Terminal 1
and Satellites

OPPOSITE
CHARLES DE GAULLE AIRPORT
View of access road interlocking
with CDG Terminal 1

LEFT AND RIGHT
CHARLES DE GAULLE AIRPORT
Internal view of CDG Terminal 1
in 2005 after renovation;
Internal view of CDG Terminal 1
in 1974

Rapid connections between car and aircraft were of prime importance in the design of this terminal. The circular access road interlocks with the monumental terminal structure. The architecture of the roads form part of the carcass and language of the terminal, both poured in reinforced concrete and sculpted with the same care. The infrastructure and architecture reflect a new global (architectural and engineering) spirit, the distinction between the infrastructure and the building is no longer definite. Both are crafted with the same technology and ambition.

La conception a privilégié des conexions rapides entre la voiture et l'avion. En particulier la voie d'accès circulaire s'imbrique dans la gigantesque structure du terminal. L'aménagement routier fait partie de l'ossature même du terminal et s'exprime dans le même langage architectural, fait de béton armé façonné avec précision. L'architecture du terminal reflète un nouvel état d'esprit en matière d'architecture et d'ingénierie, en gommant les frontières entre l'infrastructure et le bâtiment, construits tous deux avec la même technologie et la même ambition.

_____Terminals 2A, B, C and D were designed following an open and flexible modular layout configuration along the east–west road access

Terminal 2—The Development of Charles de Gaulle Airport in the 1980s

The petrol crisis that swept across the world in the 1970s had a dramatic effect on airport developments. Charles de Gaulle airport was at the outset planned to expand by simply repeating or juxtaposing the plan of Terminal 1, but this was destined to change. The fundamental difference was the terminal design and the master plan had to be flexible to meet the ever-changing market.

Terminals 2A, B, C and D were designed by Paul Andreu, chief architect for Aeroport de Paris, following an open and flexible modular layout configuration along the east–west road access. Each terminal was built successively and has its own specific characteristics in relation to the evolving air traffic requirements.

The terminals 2A, B, C and D built during the 1980s and the 1990s are laid out very simply, designed to facilitate short connection times between the car and the plane. Only Terminal 2C has two distinct levels; one for departures and one for arrivals with a unique system of articulated and mobile air-bridges. From above it provides access from the departures lounges to the aircraft, from below it provides access from the aircraft to the arrival galleries. The designers sought to leave the floor spaces as free and flexible as possible, by using a large spanning roof structure with no intermediary supports and by housing the technical rooms within the roof space. The large glazed facades on both sides of the terminals give a bright and transparent aspect and open up large views directly to the roadside, planes and airfield.

Terminal 2 : développement de l'aéroport Paris-Charles de Gaulle à partir des années 80

Le choc pétrolier qui secoua le monde dans les années 70, porta un coup d'arrêt à l'essor du transport aérien. Le développement de l'Aéroport Charles de Gaulle, d'abord envisagé au travers de la juxtaposition de terminaux identiques au Terminal 1, du s'adapter à cette nouvelle donne. Une caractéristique fondamentale s'impose alors dans la conception aéroportuaire: la flexibilité des projets, que ce soit au niveau du Plan de masse de l'aéroport, ou des installations elles-mêmes.

Le terminal 2, œuvre de l'Architecte en Chef d'Aéroports de Paris Paul Andreu, est donc conçu suivant un plan ouvert et flexible, où des modules différents viennent se greffer le long d'un axe de développement permettant un double accès routier traversant depuis l'Est ou l'Ouest vers le Terminal. Construits successivement pour correspondre au mieux à l'évolution du trafic, les modules ont leurs caractéristiques propres.

Les modules A, B, C et D construits dans les années 80 et jusqu'au milieu des années 90, sont très simples et privilégient un trajet court et direct depuis la voiture à l'avion. Seul le Terminal C dispose de niveaux distincts pour les arrivées et les départs, avec un système unique de pont d'accès aux passerelles d'abordage articulé et mouvant : en position haute il donne accès depuis les salles d'attente au départ aux avions, en position basse il donne accès depuis l'avion aux couloirs d'arrivée. En privilégiant les grandes portées sans point d'appui au sol, et en installant une grande partie des installations techniques dans des coques en toiture, les concepteurs ont aussi privilégié la flexibilité d'usage des terminaux. De grandes façades vitrées de part et d'autre de chaque module vitrées donnent lumière et transparence aux terminaux et ouvrent des perspectives directes depuis les routes, sur les avions et la plateforme.

OPPOSITE CHARLES DE GAULLE AIRPORT
Aerial view of Terminals 2A, B, C and D

ABOVE CHARLES DE GAULLE AIRPORT
View of the tube connections in the central patio, CDG Terminal 1

ABOVE CHARLES DE GAULLE AIRPORT
Interior views of the inter-change station

OPPOSITE CHARLES DE GAULLE AIRPORT
Aerial view of Terminals 2E and 2F, with
inter-change station

The Inter-Change Station—From Terminal Architecture to Network Design

The "inter-modal" station that opened to the public in 1994, regrouping high speed rail (TGV), suburban rail (RER) and road transport in the heart of Terminal 2, paved the way for a new concept in mobility and transport connectivity. Never before were so many modes of transport regrouped on one site and never before was such a large interchange-infrastructure built at one time, covering 75 hectares. The adventure brought together three principal teams of designers from the Aeroports de Paris, SNCF and RFR firms, led by Paul Andreu, Chief Architect for Aeroports de Paris, and Jean-Marie Duthilleul, Chief Architect for the SNCF, and gave rise to a complex overlapping of networks and technology.

La gare « intermodale » : De l'architecture des terminaux, à la conception des réseaux de transport

La gare « intermodale », inaugurée en 1994, réunit au cœur du terminal 2 le Train à Grande Vitesse (TGV), le RER et le transport routier, et a ouvert la voie à un nouveau concept de mobilité et de connectivité en matière de transport. Jamais auparavant n'avaient été regroupés autant de modes de transport sur un seul et même site, ni jamais auparavant n'avait été construit d'un seul tenant une aussi vaste infrastructure d'échange, couvrant 75 hectares. Ce projet fut le fruit de la collaboration entre 3 équipes de concepteurs : l'Architecte en Chef d'Aéroports de Paris, Paul Andreu, Jean-Marie Duthilleul de la SNCF et le bureau d'études RFR, et s'articule autour d'une ingénieuse intégration des multiples réseaux et technologies présentes sur le site.

____The "inter-modal" station that opened to the public in 1994, regrouping high speed rail (TGV), suburban rail (RER) and road transport in the heart of Terminal 2, paved the way for a new concept in mobility and transport connectivity

Terminals 2E and 2F, Traffic Growth and the Arrival of Airbus A380

Air France chose to develop its hub in Terminals 2F and 2E. The boarding gates in 2F are arranged in a clustered fashion and tightly grouped, arrival and departure passengers cross paths on overlapping air-bridges, helping to reduce enormously connecting times between flights.

Terminals 2E and 2F to the east of the airport are well known for their outstanding, spacious, bright and comfortable boarding lounges placing them in the forefront of contemporary airport terminal design technology and ratings. The elegance of the structures, the quality of the daylight, the breathtaking views of the airfield are common to both projects, but whereas in Terminal 2F the concrete vault stands proudly alongside the vast glazed atrium, in Terminal 2E the vault of wood lathing is punctured by a rhythm of square openings that pattern the striking interior.

The two most recent piers (Satellites 3 and 4) located to the east of Terminals 2E and 2F complete the system by providing many additional aircraft stands that cater for the large A380 Airbus. They take into account the considerably larger aircraft stand requirements with air bridges at two levels.

Terminaux 2E et 2F: l'augmentation du trafic et l'arrivée de l'Airbus A380

Air France a choisi d'installer son hub de correspondances dans les modules F et E du terminal 2 : afin de réduire les temps de correspondance, les portes d'embarquement du 2F et du 2E sont ainsi disposées de façon groupée et resserrée, et concentrent de nombreux avions rapidement accessibles.

Les terminaux 2E et 2F, situés à l'est de la plateforme, sont reconnus pour la qualité exceptionnelle de leurs salles d'embarquement, à la fois claires, spacieuses et confortables. À la pointe de la technologie architecturale contemporaine, les deux projets ont en commun l'élégance de leurs structures, l'utilisation de la lumière naturelle et les vues extraordinaires sur l'aérodrome ; mais tandis que, dans le terminal 2F, la voûte en béton contraste avec les vastes atriums vitrés, dans le terminal 2E, les voûtes boisées et leurs séries de carrés de lumière offre un décor intérieur saisissant.

Les deux nouveaux satellites (3 et 4) situés à l'est des terminaux 2E et 2F, complètent le système en proposant de nombreux postes de stationnement additionnels, conçus pour accueillir l'avion gros porteur A380. Ils prennent en compte les exigences dues à l'emport beaucoup plus important de l'avion avec des passerelles d'embarquement à double niveau.

OPPOSITE CHARLES DE GAULLE AIRPORT
View of Terminal 2F

ABOVE CHARLES DE GAULLE AIRPORT
Interior view of Terminal 2F

Another important phenomenon that developed in terminal configuration during the last two decades was that commercial requirements and opportunities grew extensively. While in the 1970s and 1980s airport terminals were singular logistic transportation centres, they became in the 1990s and during this decade major commercial interchange hubs.

At the same time as the construction of the different terminals and infrastructure, four runways, three control towers and a large cargo and maintenance area were developed at Charles de Gaulle. The airport today caters for approximately 60 million passengers and 2,280,000 tonnes of cargo per annum. Charles de Gaulle Airport houses many other activities including tertiary, commercial and industrial facilities, and plays an important role in inter-communal infrastructure development around the airport.

In recent years, at both Orly and Charles de Gaulle Airports, environmental objectives have become deciding factors in future development and give rise to a number of new policies and practices. Not least amongst which are an environmental information centre, an automatic transport rail system and extensive landscaping, energy, water and waste management programmes.

Un autre phénomène majeur, observé lors de l'aménagement des terminaux parisiens au cours des vingt dernières années, fut la montée des exigences et des opportunités commerciales ; dans les années 70 et 80, les terminaux d'aéroport n'étaient que des centres de transport logistiques, puis, dans les années 90 et 2000, ils sont devenus de vastes plateformes d'échanges commerciaux.

En plus des différents terminaux et infrastructures, 4 pistes, 3 tours de contrôle et une grande zone de fret et de maintenance ont été construites à Paris-Charles de Gaulle. L'aéroport gère environ 60 millions de passagers et 2 280 000 tonnes de fret par an. L'aéroport Paris-Charles de Gaulle abrite bien d'autres activités, notamment des entreprises de services, des commerces et des industries, et joue un rôle majeur dans le développement des infrastructures intercommunales autour de l'aéroport.

Durant ces dernières années, dans les deux aéroports Paris-Orly et Paris-Charles de Gaulle, les objectifs environnementaux sont devenus des facteurs décisifs dans la conception des plateformes et ont abouti à un certain nombre de nouvelles règles et de nouvelles pratiques. Parmi les réalisations les plus importantes, on peut citer des maisons de l'environnement, un système de métro automatique et des programmes ambitieux d'aménagement du paysage et de gestion de l'énergie, de l'eau et des déchets.

CHARLES DE GAULLE AIRPORT
Aerial view

02

ORCHESTRATION OF DIFFERENT TALENTS

ORCHESTRER DES TALENTS DIVERS

02.1 ORCHESTRATION OF DIFFERENT TALENTS
ARCHITECTURE AND ENGINEERING,
A COMPLEMENTARY APPROACH

02.2 AIR TRAFFIC CONTROL TOWERS
AERONAUTICAL CONSTRAINTS AND
ARCHITECTURAL EXPRESSION

02.3 AIRCRAFT HANGARS
A BALANCE BETWEEN AESTHETICS,
INDUSTRIAL AND BUILDING TECHNOLOGY

02.1 ORCHESTRER DES TALENTS DIVERS
ARCHITECTURE ET INGÉNIERIE,
UNE APPROCHE COMPLÉMENTAIRE

02.2 TOURS DE CONTRÔLE
CONTRAINTES AÉRONAUTIQUES
ET EXPRESSION ARCHITECTURALE

02.3 LES HANGARS D'AVIATION
UN ÉQUILIBRE ENTRE ESTHÉTISME, TECHNIQUES
INDUSTRIELLES ET TECHNIQUES DU BÂTIMENT

02.1

_____ ADPI works in various fields but has a long-standing track record with airport infrastructure and has within its various departments specialised teams related to airport development, construction and architecture

02.1 ORCHESTRATION OF DIFFERENT TALENTS
ARCHITECTURE AND ENGINEERING, A COMPLEMENTARY APPROACH

02.1 ORCHESTRER DES TALENTS DIVERS
ARCHITECTURE ET INGÉNIERIE, UNE APPROCHE COMPLÉMENTAIRE

ADPI has many specialised fields in-house. In the ADPI offices at Orly, there are various departments: Programme Strategy and Master Planning, Building Engineering (airport systems and building technology), Infrastructure and Air Navigation and Project Management, and International Architectural projects.

ADPI works in various fields but has a long-standing track record with airport infrastructure and has within its different departments specialised teams related to airport development, construction engineering and architecture. There are air traffic control specialists, baggage handling system designers, infrastructure (runways, aprons and roads) and air navigation planners.

The ethos of ADPI is principally about collaborative endeavour and all projects are signed collectively. ADPI is comprised of (excluding administration) 35% engineers, technicians and specialists, 30% architects and 18% project managers amongst its 700 plus staff, covering the full spectrum of project activities; design, construction monitoring and project management.

ADPI possède en interne des compétences dans des domaines très spécialisés. Ses bureaux d'Orly regroupent les services suivants : Planification Stratégique et Aménagement, Missions d'Architecture pour les projets à l'international, Ingénierie et techniques du bâtiment, Ingénierie des systèmes aéroportuaires, Infrastructure aéroportuaires et navigation aérienne.

ADPI intervient dans divers domaines et a pu apporter au fil du temps la preuve de son savoir-faire en matière d'infrastructures aéroportuaires. Au sein de ses différents services, ADPI dispose d'un certain nombre d'équipes spécialisées qui s'emploient au développement des aéroports, avec des spécialistes du contrôle du trafic aérien, des spécialistes de traitement des bagages et des responsables d'infrastructures (pistes, aires de stationnement, routes) ou de navigation aérienne.

La philosophie d'ADPI est principalement axée sur l'esprit de collaboration, les projets de l'entreprise étant pour la plupart considérés comme des œuvres collectives. ADPI compte parmi ses 700 employés (sans compter l'administration) 35% de diplômés en ingénierie (spécialistes et techniciens) 30% de diplômés d'architecture, et 18% de managers de projets et des travaux couvrant ainsi toute la palette des activités liées aux projets: conception, supervision de la construction et gestion de projet.

DUBAI AIRLINE WORKSHOP
Exterior view of workshop
showing roof and skylights

LEFT AND OPPOSITE
SEVILLE AIRBUS FACTORY
Aerial view; View of undulating
roof and surrounding landscape

In all building projects there is a fusion, to varying degrees, between architecture and engineering. The resolution of one depends on the resolution of the other. At ADPI, the two fields overlap so completely that it is not just a question of good interfacing between the engineers and the architects. It is more a question of the architects embracing engineering 'skills' and *vice versa*. A good number of employees are both qualified engineers and architects. Architecture is not just considered in aesthetic terms, or engineering in technical terms. Both *en-globe* technical and aesthetic aspects, the projects are evaluated equally for their architectural and engineering merit.

ADPI continually explores the different boundaries between architecture and engineering. In projects such as designing and managing the construction of an air traffic control tower or aircraft hangar, the functional and technical constraints are very complex and precise, and engineering technology is quite central to the design.

Tout projet de construction implique un certain degré de symbiose entre architecture et ingénierie, le parti des uns influant sur la réponse des autres. Dans le cas d'ADPI, ces deux aspects sont si étroitement liés que cela va au delà d'une bonne coordination entre ingénieurs et architectes : il s'agit plutôt d'une appropriation réciproque des compétences entre architectes et ingénieurs. D'ailleurs bon nombre d'employés ont des compétences à la fois d'ingénieur et d'architecte. L'architecture n'est pas uniquement perçue en termes d'esthétisme ni l'ingénierie en termes de technique : les deux disciplines englobent aussi bien les aspects esthétiques que les aspects techniques, et les projets sont évalués à parts égales au regard de leurs valeurs architecturales et techniques.

ADPI explore continuellement les frontières entre design et ingénierie. Dans les projets consistant par exemple à concevoir et à gérer la construction d'une tour de contrôle ou d'un hangar, les contraintes fonctionnelles et techniques sont à la fois très complexes et très précises, et la conception fait alors grandement appel aux techniques de l'ingénierie.

_____ *Architecture is not only considered in aesthetic terms, or engineering in technical terms. Both en-globe technical and aesthetic aspects, the projects are evaluated equally for their architectural and engineering merit*

02.2

____Control towers are an example of projects where there is a continuous quest for balance between innovation and realism

---

02.2 AIR TRAFFIC CONTROL TOWERS
AERONAUTICAL CONSTRAINTS AND
ARCHITECTURAL EXPRESSION

02.2 TOURS DE CONTRÔLE
CONTRAINTES AÉRONAUTIQUES
ET EXPRESSION ARCHITECTURALE

In control tower projects, there is a continuous quest for balance between innovation and realism. Structural Engineers, when asked about air traffic control tower design, assert that this is a particular field where they are listened to attentively by the architects. The technical requirements (both navigational and structural) are very strict. Once the location of the tower and the height of the cab have been determined, the visual and acoustic performance levels are stipulated for the glazing of the control cab. The structural stability of the cab is also a major consideration in order to ensure comfortable working conditions at cab level, which is often more than 90 metres above ground and takes into consideration wind speeds up to 100 kilometres an hour. When the wind speed is higher the controllers retreat to the back-up approach room at a lower level and flights are cancelled or postponed.

The specification for the glass in the cab (pitch, colour and type), the structure of the shaft and cab, and the layout and choice of the air traffic control equipment are three areas that are decisive in the dimensioning of the final design. The optimisation of these factors contributes largely to the architectural expression.

Les tours de contrôle sont un exemple de la perpétuelle recherche de l'équilibre entre inventivité et réalisme. Lorsque l'on évoque la conception des tours de contrôle, les ingénieurs structure avouent bénéficier d'une écoute attentive de la part des architectes. Les exigences techniques en termes de navigation et de structure sont très strictes. Une fois que le positionnement de la tour et la hauteur de la vigie sont déterminés les niveaux de performances visuelles et acoustiques sont spécifiés pour le vitrage de la vigie. La stabilité structurelle de la vigie constitue également une préoccupation majeure pour garantir de bonnes conditions de travail à des hauteurs de l'ordre de 90 mètres au-dessus du sol, avec des vents soufflant jusqu'à 100 km/heure (au-delà de cette vitesse, les contrôleurs se replient vers la salle de contrôle d'approche auxiliaire, située à un niveau inférieur, et les vols sont annulés ou reportés).

Les particularités du vitrage pour la vigie (pente, couleur, type), la structure du fût et de la vigie, et le choix des équipements de contrôle à l'intérieur de la vigie constituent les trois facteurs déterminants quant au dimensionnement de l'ouvrage. L'optimisation de ces trois facteurs contribue largement à l'expression architecturale.

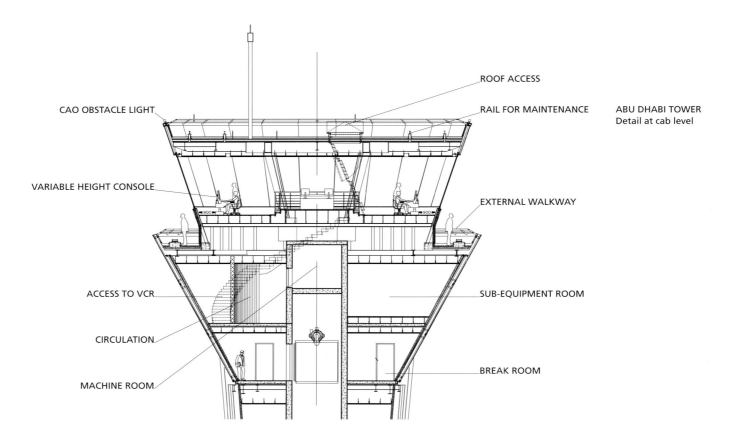

ROOF ACCESS

CAO OBSTACLE LIGHT

RAIL FOR MAINTENANCE

ABU DHABI TOWER
Detail at cab level

VARIABLE HEIGHT CONSOLE

EXTERNAL WALKWAY

ACCESS TO VCR

SUB-EQUIPMENT ROOM

CIRCULATION

BREAK ROOM

MACHINE ROOM

Abu Dhabi Control Tower,
United Arab Emirates

The tower was designed to monitor the two main runways and the aircraft movements around the main terminal, and rises 110 metres above the ground. An original design where all of the air traffic control facilities are housed together in the shaft. The tower incorporates five office levels, technical areas, the central circulation core and main control cab. Traditionally the technical block and management offices are housed in two separate interlinked spaces. The main purpose for locating the different facilities together in the same block was driven by the necessity to optimise space at ground level.

La tour de contrôle d'Abu Dhabi,
Émirats Arabes Un Unis

Conçue pour surveiller les deux pistes principales et la circulation des avions autour du terminal principal, la tour s'élève à 110 mètres au-dessus du sol. Cette conception originale regroupe toutes les installations de contrôle du trafic aérien à l'intérieur du fût. La tour comprend cinq niveaux de bureaux, les zones techniques, le noyau central de circulation et la salle de contrôle principale. Le plus souvent, le bloc technique et les bureaux de direction occupent deux espaces distincts reliés l'un à l'autre. Le regroupement des différents services au sein d'un même bloc s'explique par la nécessité d'optimiser l'espace au niveau du sol.

____The air traffic control tower is much more than a functional look-out tower, it is an important architectural symbol

The tower structure combines a series of overlapping techniques. The in-situ concrete base that houses the five office floors, the concrete circulation core (running from the base up to just beneath the control cab), the steel framework (bracing the upper levels and cladding) and two curved granite fin walls that reinforce the lateral stability.

In addition to the functional and structural characteristics, the curvilinear form evokes dhows and their sails, traditional maritime and cultural icons in Abu Dhabi and the United Arab Emirates. The cladding materials were chosen for their aesthetic qualities and to meet the functional and climatic requirements. On the west elevation, the office floor levels are glazed, incorporating moulded GRP solar panelsand the uninhabited intermediate levels are clad with transparent polycarbonate panels. The EFTE (tetra-ethylene) foil cushions on the east elevation were chosen for their lightweight, sand tight and transparent qualities and, when lit up at night time, they enhance the tower's landmark status. The air traffic control tower is much more than a functional look-out tower, it is an important architectural symbol.

La structure de la tour combine un certain nombre de techniques qui se recoupent avec les différentes fonctions : le socle en béton coulé sur place, où se situent les cinq étages de bureaux, le noyau de circulation en béton (qui s'élève depuis la base jusqu'au-dessous de la vigie), la charpente en acier (qui soutient les niveaux supérieurs et le revêtement) et la double paroi en granit incurvée qui vient renforcer la stabilité latérale.

Outre les caractéristiques fonctionnelles et structurelles, la forme curviligne évoque les boutres avec leurs voiles, icônes maritimes et culturelles traditionnelles à Abu Dhabi et dans les Émirats Arabes Unis. Les matériaux de revêtement ont été choisis pour leurs qualités esthétiques et pour répondre aux exigences fonctionnelles et climatiques. Sur la façade ouest, les étages des bureaux sont vitrés et comportent des panneaux solaires, les niveaux intermédiaires (non habités) sont eux, recouverts de panneaux de polycarbonate transparent. Sur la façade est, les panneaux en éthylène tétrafluoroéthylène (ETFE) ont été choisis pour leur légèreté, leur étanchéité au sable et leur transparence. La nuit, leur illumination vient souligner le rôle de la tour définie comme un point de repère. Sentinelle de l'aéroport, la tour de contrôle est plus qu'un bâtiment fonctionnel, c'est un véritable symbole architectural.

ABU DHABI TOWER
Side elevation showing granite
fin walls; Cross-section

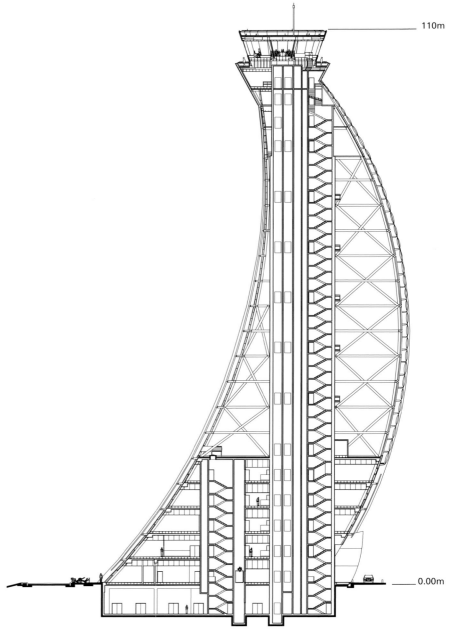

110m

0.00m

LEFT
CAIRO CONTROL TOWER
3-D night image

RIGHT
CAIRO CONTROL TOWER
Under construction

CAIRO CONTROL TOWER
Under construction

Cairo Control Tower, Egypt

The Cairo Control Tower is 80 metres high and was designed specifically to monitor the air traffic control services for the newly constructed third runway. The structure is composed of a concrete circulation core onto which is fixed the secondary steel structure that supports the control cab and the cladding. The tower, though very simple, has a very definite personality composed of an alternating concrete framework, glazed portions, and bright green and blue ceramic rings wrapped around the shaft. At night it takes on a different aspect as the yellow light at the base merges towards the blue tinted anti-glare glass at cab level.

La tour de du Caire, Egypte

D'une hauteur de 80 mètres, la tour de contrôle du Caire a été spécifiquement conçue pour gérer le contrôle aérien de la troisième piste nouvellement construite. La structure est composée d'un noyau de circulation en béton auquel vient se fixer la structure d'acier secondaire qui soutient la vigie et le parement. Bien que très simple, la tour affirme une personnalité bien marquée avec des alliances de béton, de surfaces vitrées et d'anneaux en céramique, de couleurs vert et bleu vifs, tout autour du fût. De nuit, l'apparence de la tour se transforme alors que la lumière jaune partant de la base vient fusionner avec le bleuté du verre antireflet au niveau de la vigie.

LEFT AND RIGHT ENFIDHA
TOWER
Close up, showing perforated
metal cladding panels in a
spiral fashion; Seen from below

Enfidha Control Tower, Tunisia

The Enfidha Control Tower is yet another example
where the structural and functional constraints
led to a very different architectural expression. The
budget and timetable for the construction of the
project were very tight. The decision was therefore
made to wrap the stairwell around the central core
optimising the diameter of the concrete core while
facilitating a rapid construction process. A secondary
steel structure was erected just inside the outer skin
to compensate for the thinness of the shaft. The
light-weight perforated metal cladding panels that
reflect the Tunisian skies were fixed to the steel
structure in a natural spiral fashion. The tower,
designed to monitor two new runways for the new
airport under construction at the same time, is 90
metres in height.

La tour de contrôle d'Enfidha, Tunisie

La tour d'Enfidha prouve encore une fois que
les contraintes structurelles et fonctionnelles
ont conduit à une expression architecturale très
particulière. Le projet de construction se basait sur
un budget et un calendrier très serrés. Il a donc
été décidé d'enrouler la cage d'escalier autour du
noyau central, ce qui allait optimiser le diamètre
du noyau en béton tout en accélérant le processus
de construction. Une structure secondaire, en acier,
a été construite juste en deçà du revêtement
extérieur afin de compenser l'étroitesse du fût.
Légers et perforés, les panneaux de revêtement
métalliques reflétant le ciel tunisien ont été fixés
sur la structure acier en suivant un mouvement
spiral naturel. D'une hauteur de 90 mètres, la tour
a été conçue pour surveiller les deux nouvelles
pistes de l'aéroport (dont la construction
progressait en parallèle).

ENFIDHA TOWER
View from the airport

02.3

02.3 AIRCRAFT HANGARS
A BALANCE BETWEEN AESTHETICS,
INDUSTRIAL AND BUILDING TECHNOLOGY

02.3 LES HANGARS D'AVIATION
UN ÉQUILIBRE ENTRE ESTHÉTISME, TECHNIQUES
INDUSTRIELLES ET TECHNIQUES DU BÂTIMENT

The three aircraft factories described are much more than mere hangars in that they are enormous workshops (about 115 metres wide by 36 metres deep), where the latest and largest aircrafts are assembled and maintained. Their architectural expression is a marriage of elaborate building engineering and industrial technology.

The size of the three hangars is similar, about 200,000m², and while they have similar functional and technical characteristics, the material expression and landscape treatment of each factory are quite unique and are closely related to its immediate environment.

Les trois usines d'aviation décrites ici sont bien plus que de simples hangars : ce sont de gigantesques ateliers (115 x 36 mètres environ) dans lesquels les avions les plus récents et les plus imposants sont montés ou entretenus. Leur expression architecturale résulte d'une association de techniques élaborées alliant ingénierie du bâtiment et savoir-faire industriel.

Les trois hangars sont de surface comparable (environ 200 000 m²) et même si les caractéristiques fonctionnelles et techniques sont elles aussi similaires, l'aspect architectural et l'aménagement de chaque usine sont totalement uniques et sont étroitement liés au cadre extérieur.

TOULOUSE AIRBUS FACTORY
Aerial view

_____ *The three aircraft factories described are much more than mere hangars, they are enormous workshops. Their architectural expression is a marriage of elaborate building engineering and industrial technology*

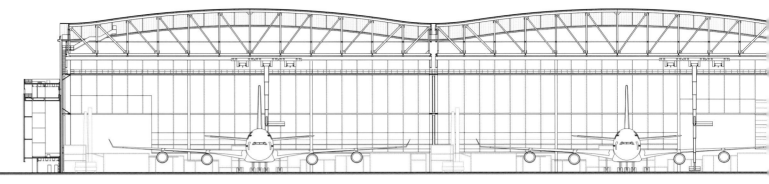

TOULOUSE AIRBUS FACTORY
Longitudinal section

Airbus A380 Final Assembly Line Complex, Toulouse

In 2001 ADPI, in association with Cardete-Huet
Architects and Technip technical services company,
won the competition for the Airbus A380 final
assembly line complex in Toulouse after a substantial
research and collaborative project study period
with the Airbus team.

The final design was chosen since it optimised
the process flows (a new layout was developed in
a compact manner to meet the rigorous sequence
constraints for assembly and maintenance)
improving profitability, and for the quality and
the dimension of the landscape treatment. The
roofscape, with its undulating forms and mosaic
of blue, grey and white, creates light, vibrant and
changing patterns and was designed as part of
the overall site treatment. The landscape design
covers a much greater area than the site itself and
incorporates a number of compensatory measures
for the surrounding areas, including new
greenbelts and a renovated waterfront.

The roof construction (made up of four double
bays with an overall factory area of more than
200,000m², over 30 metres high and covering
10,000m² without intermediary support) was an

L'usine d'assemblage de l'Airbus A380, Toulouse

En 2001, en association avec les architectes
Cardete-Huet et la société d'ingénierie Technip,
ADPI a remporté le projet de conception de l'usine
d'assemblage de l'A380 à Toulouse, ceci après
une longue période de recherche et de réflexion
en collaboration avec Airbus.

Le plan d'aménagement proposé a été
sélectionné car il optimisait le temps de construction
(un nouvel agencement a été conçu, plus compact,
pour satisfaire les contraintes de procédure
qu'imposent le montage et la maintenance), ce qui
augmente la rentabilité, mais aussi pour la qualité
et les dimensions de l'aménagement paysager. Avec
ses formes ondulées et sa mosaïque de gris-bleu et
de blanc, la toiture renvoie une représentation à
la fois légère, vibrante et changeante, et fait alors
partie intégrante du paysage. Les aménagements
paysagers s'étendent bien au-delà du site lui-
méme et intègrent un certain nombre de mesures
compensatoires pour les zones environnantes,
avec notamment de nouvelles zones naturelles.

La construction du toit (constitué de doubles
baies vitrées avec une surface de plus de 200 000 m²
pour l'ensemble de l'usine, une hauteur de plus de

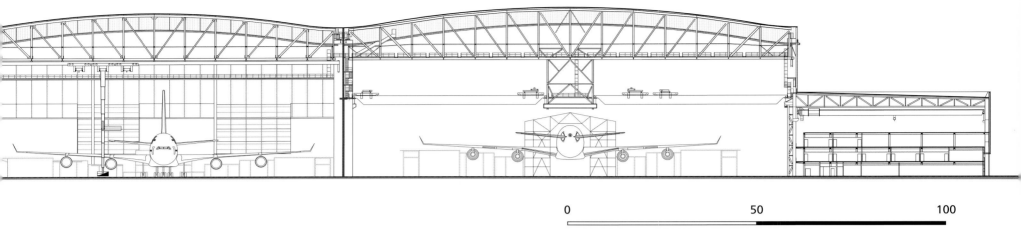

0   50   100

engineering challenge that led to the design of a roof structure where each bay was assembled on the ground, incorporating all the technical services (lighting, sealing…) and then hoisted as a single piece into its final position.

Building the plant to assemble the A380, a new generation aircraft with non-standard dimensions and performances, was an exceptional challenge for the different actors involved. The architectural expression reflects both the building and industrial technology. The forms are simple and repetitive but cover vast areas and are thus intentionally sculpted as part of the surrounding landscape.

30 mètres et une couverture de 10 000 m² sans support intermédiaire) fut un défi technique qui conduisit à la conception d'une structure permettant d'assembler chaque baie au sol en incorporant tous les inserts techniques (éclairage, étanchéité…) puis de la hisser d'un seul tenant jusqu'à sa position finale.

La construction des installations pour le montage de l'A380, un avion de nouvelle génération avec des dimensions et performances hors normes, s'est avérée être un défi exceptionnel pour les différents acteurs impliqués. L'expression architecturale relève à la fois des techniques du bâtiment et des techniques industrielles; les formes sont simples et répétitives mais elles couvrent de vastes surfaces et sont donc façonnées, à dessein, en tant que partie intégrante du paysage environnant.

TOULOUSE AIRBUS FACTORY
Cross-section

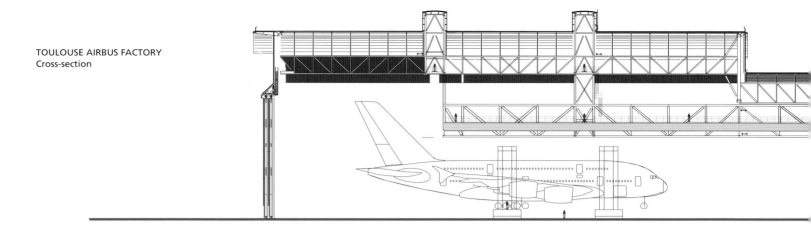

_____ *The roof construction was an engineering challenge that led to the design of a roof structure where each bay was assembled on the ground, incorporating all the technical services (lighting, sealing…) and then hoisted as a single piece into its final position*

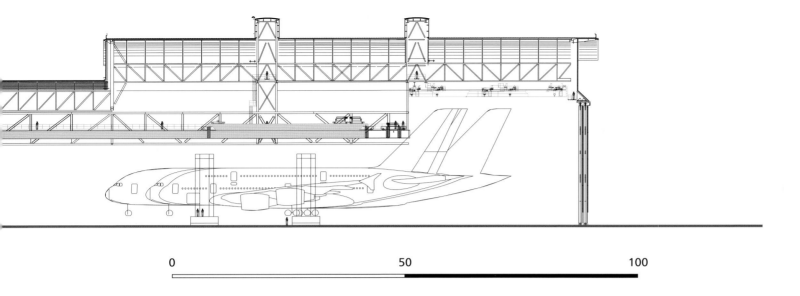

0   50   100

OPPOSITE AND RIGHT
TOULOUSE AIRBUS FACTORY
Interior view of steel
framework; Interior view
of factory showing the roof
structure and Airbus assembly

TOULOUSE AIRBUS FACTORY
View of the undulating roof
against the evening sky

_____*The roofscape, with its undulating forms and mosaic of blue, grey and white, creates light, vibrant and changing patterns and was designed as part of the overall site treatment*

TOULOUSE AIRBUS FACTORY
Day and night views

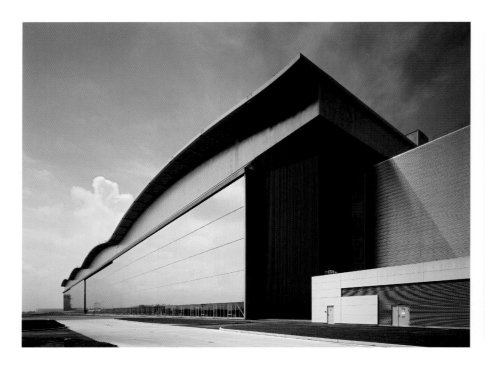

UAE AIRLINE MAINTENANCE CENTRE
Interior view of the steel framework

Dubai UAE International Airline Maintenance Centre

Soon after competing for Airbus in Toulouse, ADPI was invited to compete for the A380 maintenance workshop in Dubai and was awarded the contract in 2002. In contrast to Toulouse, the Dubai programme included eight separate bays and covered a floor area of 300,000m².

The challenge lay first in how to locate the eight identical halls for the A380 and to connect all of them to the large completion workshop area. Each hall, composed of a steel framework supported on four rows of concrete pillars, is structurally independent and was built to accommodate various types of aircraft from the A310 to the A380, and measures 110 metres by 105 metres. The construction logic of the roof is a further development of the arched structures used for the large door openings.

Given the extreme climatic conditions in Dubai, the enclosed volumes of the different halls are tailored very closely to the size of the aircraft (see-cross section). On the main facade, the different materials chosen for the spandrels of the arcs and the base of the sliding doors (translucent polycarbonate and clear glass with a low emissive factor) serve to filter the sunlight and heat build up, while natural light is captured through the rooflights. The lighting at night underlines the different elements and gives quite a theatrical atmosphere to the vast assembly factory, and shows how industrial architecture can take on a definite prestigious character.

Le centre de maintenance de la compagnie aérienne Emirates à Dubaï

Peu après avoir concouru pour Toulouse, ADPI a été invité à répondre à un appel d'offres pour le centre de maintenance de la compagnie Emirates à Dubaï et le contrat lui fut attribué en 2002. À la différence de Toulouse, le programme de Dubaï incluait huit baies séparées dédiées aux différentes activités de maintenance et couvrait une superficie de 300 000m².

Le défi consistait dans un premier temps à définir l'implantation des huit espaces identiques pour l'A380, puis à les relier à la vaste zone réservée aux ateliers de finalisation. Chaque espace, structuralement indépendant des autres, mesure 110 x 105 mètres, se compose d'une charpente en acier soutenue par quatre rangées de piliers en béton et a été construit pour accueillir différents types d'avion allant de l'A310 à l'A380. La logique de construction du toit repose sur une extension des structures en arche utilisées pour les grandes ouvertures des portes.

Du fait des conditions climatiques extrêmes de Dubaï, le volume intérieur des différents espaces est très étroitement adapté aux dimensions de l'avion (voir vue en coupe). Sur la façade principale, les différents matériaux sélectionnés pour les tympans des arches et pour la base des portes coulissantes (polycarbonate translucide et verre clair au faible facteur d'émission) assurent le filtrage des rayons du soleil et de la chaleur, tandis que la lumière naturelle arrive par les lucarnes du toit. L'éclairage nocturne vient souligner les différents éléments et confère à cette vaste usine de maintenance une atmosphère tout à fait théâtrale tout en démontrant qu'une architecture industrielle peut prendre un caractère sans conteste prestigieux.

UAE AIRLINE MAINTENANCE CENTRE
At nightfall

_____*The lighting at night underlines the different elements and gives quite a theatrical atmosphere to the vast assembly factory, and shows how industrial architecture can take on a definite prestigious character*

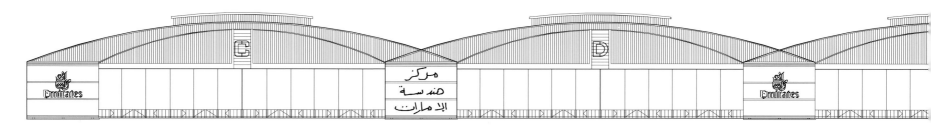

UAE AIRLINE MAINTENANCE CENTRE
Front elevation

_____ *Given the extreme climatic conditions in Dubai, the enclosed volumes of the different halls are tailored very closely to the size of the aircraft*

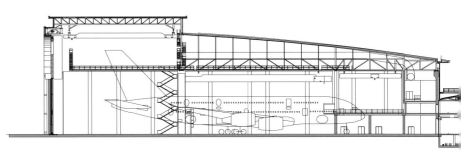

UAE AIRLINE MAINTENANCE CENTRE
Cross-section

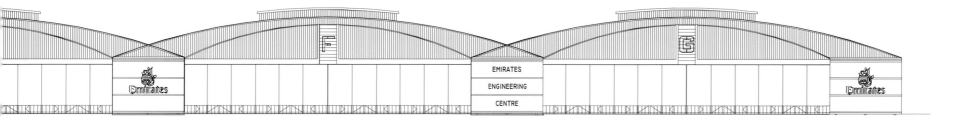

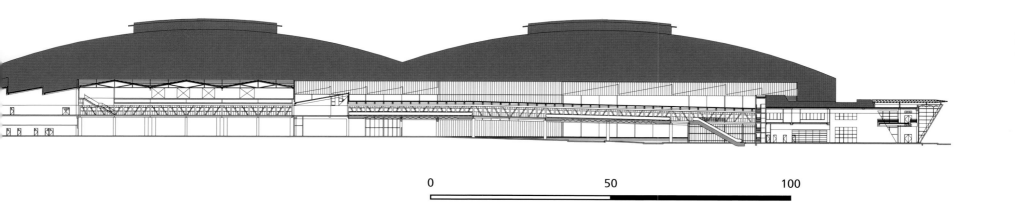

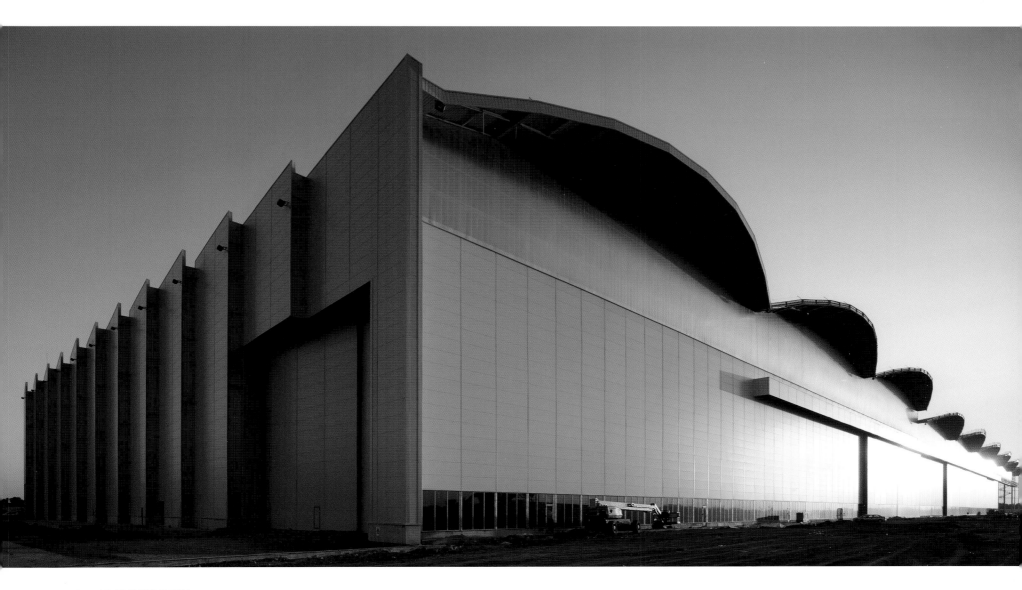

SEVILLE AIRBUS FACTORY
View of the main elevation
as the sun goes down

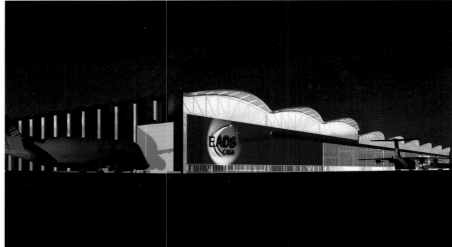

LEFT AND RIGHT
SEVILLE AIRBUS FACTORY
Interior view showing and
Airbus wing during assembly;
At nightfall

Seville Airbus A400 Final Assembly Line Factory

The Seville hangar designed (in association with
Technicas Reunidas and Heymo) to house the Airbus
A400, a considerably smaller aircraft than the A380,
was designed following the rationalisation of many
of the elements in the previous projects.

The structure is a simplified and optimised
version of the Dubai workshop resulting in a
multiple series of arched structures. The framework
of each module is made up of three rows of lattice
metalwork, spanning 60 metres each reaching
11 metres in height at the centre. The roof finish,
like in Toulouse, was conceived as a continuous
undulating landscape while the beige tone of the
cladding and roof finishes was chosen to harmonise
with the predominate colours of the region.

Once again, the challenge lay in the designing of
a very large-scale industrial project efficiently and
elegantly, while taking into account the particular
contextual constraints (climatic, geographic
and technical).

L'usine d'assemblage de l'Airbus A400 à Séville

Destiné à accueillir l'A400, nettement plus petit que
l'A380, l'usine d'assemblage de Séville a été conçu
(en association avec Tecnicas Reunidas et Heymo)
par rationalisation d'un grand nombre d'éléments
déjà étudiés lors des précédents projets.

La structure est une version simplifiée et optimisée
de celle retenue pour l'usine de Dubaï, ce qui s'est
traduit par différentes séries de structures en arche.
La charpente de chaque module est composée de
trois rangées de treillis métallique d'une portée de
soixante mètres chacune et une hauteur atteignant
onze mètres au centre. A l'instar de celle de l'usine
de Toulouse, la toiture ondulée a été conçue comme
la continuité du paysage, tandis que le ton beige
du revêtement a été choisi pour s'harmoniser avec
les couleurs prédominantes de la région.

Ici encore, le défi a consisté à mettre en forme
un projet industriel de très grande envergure
de manière efficace et élégante, tout en tenant
compte des contraintes particulières propres au
contexte (climatique, géographique, technique...).

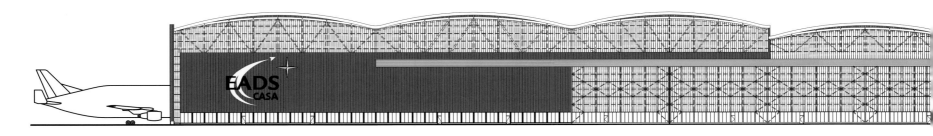

SEVILLE AIRBUS FACTORY
Front elevation

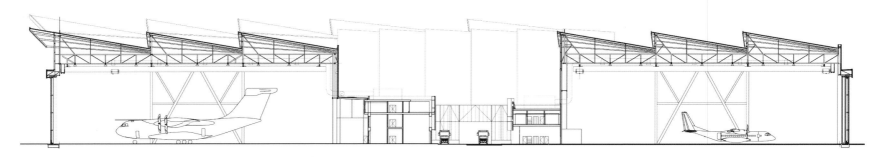

SEVILLE AIRBUS FACTORY
Cross-section

0   25   50

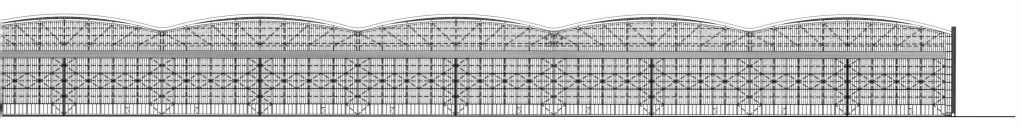

03

ORGANISATION
AND COMPLEXITY

ORGANISER
LA COMPLEXITÉ

BROAD HORIZONS/LARGES HORIZONS
ADPI Architecture and Engineering

black dog publishing

london uk

CONTENTS

SOMMAIRE

FOREWORD

To mark the ten year anniversary of the creation of ADPI, we decided to publish a book presenting our company's background, spirit, projects, and ambitions, and to show how through the exportation of our expertise on extensive airport projects we went on to participate in the design and the construction of operas, cultural centres and urban development.

We have called this book *Broad Horizons* for three reasons. First, because we wanted to talk about how the international, multi-cultural and multi-disciplinary aspects of our work have contributed to our projects and company spirit. Secondly, we are looking to the future and at how our creativity and technical experience is relevant to the marketplace. Thirdly, we wish to underline the role airports play in helping communities enlarge their horizons in a rapidly changing world.

The first chapter relates the history and the nature of our work and how we benefit from our relationship with Aeroports de Paris (the mother company) and 40 years of experience in airport engineering and architecture. In the following chapter we illustrate the interdisciplinary activity of ADPI detailing the complementary approach (engineer/architect/specialist) and the valorisation of art and science. In chapters three and four we look closely at large-scale infrastructure and master planning followed by a close review of several airport and terminal projects throughout the world,

Dix ans après la création de la société ADPI, nous avons décidé de raconter au sein d'un ouvrage notre parcours, nos valeurs, nos projets, nos ambitions et comment nous avons grandi en exportant d'une part notre savoir-faire aéroportuaire, et en élargissant d'autre part nos horizons tout autant aux bâtiments emblématiques au cœur des villes – opéras, centres culturels, ambassades,… – qu'aux plans de développement des villes elles-mêmes.

Nous avons intitulé ce livre « Larges Horizons » pour trois raisons. Premièrement, pour illustrer la diversité des composantes qui font nos projets : la dimension internationale, le multiculturalisme et la multidisciplinarité qui se conjuguent quotidiennement et qui nourrissent les valeurs de notre société. Deuxièmement, pour symboliser notre ouverture vers l'avenir avec le souci d'adapter notre créativité et notre technicité aux besoins de demain. Troisièmement, pour souligner l'étendue nouvelle du rôle tenu par les aéroports dans le développement des communautés et des villes et comment nous accompagnons cette mutation.

Le premier chapitre relate notre histoire, répertorie nos domaines de compétences et explique comment ces derniers s'appuient sur une expérience longue de 40 années de développements aéroportuaires, démarrées à Paris. Dans le chapitre suivant nous dévoilons la richesse de l'interdisciplinarité d'ADPI en

CREDITS CRÉDITS

REMERCIEMENTS

The end-users of the different projects that we have designed or constructed, whether you use them every day or once in a while. Working responsibly across the built environment, we hope to create a better place in which we all can live.

Finally, all the participants who contributed to this book, going through so many archives, photos, projects, anecdotes, interviews, plans, etc., blending them all in a reflective and comprehensive story.

We thank you all!

solutions que nous déployons dans nos travaux. Ces dix ans d'aventure commune sont seulement le commencement d'une plus longue histoire que nous voulons continuer d'écrire avec vous.

Les utilisateurs finaux des ouvrages que nous concevons, qu'ils soient utilisateurs d'un jour ou exploitants quotidiens. Au travers d'un travail respectueux de l'environnement, nous espérons contribuer à améliorer le confort de ces lieux de vie si spéciaux.

L'ensemble des personnes ayant participé de près ou de loin à la réalisation de ce livre, notamment par la recherche et la mise en avant d'archives, de projets, de photos, d'anecdotes, de plans, etc. permettant la création de cette photographie fidèle de notre entreprise.

Un grand merci à tous.

ACKNOWLEDGEMENTS

This ten year retrospective reflects our work during the past ten years and ADPI would like to thank you:

The clients we have worked with and who trusted our company to make their dreams come true. Coming from all over the world, ADPI clients are as heterogeneous as the company itself: airport authorities, airlines, aircraft manufacturers, governments, private organisations, real estate developers, local public institutions, concession consortiums…. We are delighted to work and create tailor-made solutions for so many people, projects, geographies and contexts. We are proud of having tackled so many challenges with you. We thank you for the interest and trust you placed in our company and hope to again work with you on many more fascinating projects.

The engineers, architects, project managers and supporting staff who contributed to one or many of our projects. Without our devoted staff, ADPI wouldn't have proposed so many different solutions and ideas. This ten year adventure is only the beginning of a long story we wish to continue with you.

Cet ouvrage est le reflet du travail réalisé au cours des dix dernières années, pour lequel ADPI souhaite remercier :

Les clients avec qui nous avons travaillé et qui nous ont fait confiance pour la réalisation de leurs projets. D'horizons géographiques divers, les clients d'ADPI sont multiples : autorités aéroportuaires, compagnies aériennes, avionneurs, gouvernements, organisations privées, promoteurs immobiliers, collectivités locales, institutions publiques, consortium d'entreprises…. Nous sommes enchantés de pouvoir imaginer des solutions sur-mesure pour une population si variée, des projets si nombreux, des lieux si différents et des contextes à chaque fois particulier. Nous sommes fiers d'avoir accompagné nos clients à relever autant de défis. Nous vous remercions pour l'intérêt que vous portez à notre société et espérons vous accompagner pour encore beaucoup d'autres projets.

Les ingénieurs, architectes, gestionnaires de projets et personnel support de l'activité qui ont pris part à la réalisation de l'un ou l'autre de nos multiples projets. Ce personnel dévoué et passionné est à l'origine des idées neuves et des nombreuses

ORLY INTERNATIONAL AIRPORT, SOUTH TERMINAL, PARIS, FRANCE [1]

Pages 018–021
Inaugurated 1961
Client Aeroport de Paris
Number of passengers 12 Mpax
Features 25 boarding bridges, 42 departure and arrival gates, 26 control points
Total built area 162,000m²
Discipline Architecture, Airport Consultancy, Construction Engineering
Scope of Services Design, Construction Monitoring

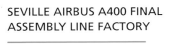

SEVILLE AIRBUS A400 FINAL ASSEMBLY LINE FACTORY

Pages 038, 039, 060–063
Inaugurated 2008
Client EADS-CASA
Associates Tecnicas Reunidas and Heymo
Areas:
Site 500,000m²
Built area 133,000m²
Hangars 77,700m²
Workshops 43,800m²
Offices 12,300m²
Discipline Architecture, Airport Consultancy, Construction Engineering
Scope of services Competition, Design, Construction Monitoring

SHANGHAI PUDONG INTERNATIONAL AIRPORT, CHINA [1]

Pages 012, 013
Inaugurated 1999
Client Shanghai Pudong International Airport Corporation
Number of passengers 20 Mpax
Features 28 contact stands
Total built area 220,000m²
Discipline Architecture, Airport Consultancy, Construction Engineering,
Scope of services Competition, Design, Construction Monitoring

TRIPOLI INTERNATIONAL TERMINAL, LIBYA

Pages 092, 093, 102–107
Status Under construction
Client Libyan Civil Aviation Authority
Number of passengers 2 units 10 Mpax each
Features 36 contact stands, 9 remote stands
Unit Area 345,000m²
Discipline Architecture, Airport Consultancy, Construction Engineering
Scope of services Design, Construction Monitoring, Client Representative

[1] Projects executed before the creation of ADPI (in 2000) by Aéroports de Paris Architecture and Engineering teams

AVANT-PROPOS

emphasising how airports today are intrinsic poles of exchange as well as important gateways to other cultures. The final chapter looks at the relationship between airports and cities and how mobility is at the heart of urban design, and highlights some of our more recent prestigious projects in urban environments.

Each chapter recounts a particular theme with detailed illustrations of the projects and highlights aspects that have influenced our approach, revealing and sharing our way of working. All of our projects are the product of collaboration within our company, with our partners, constructors and supportive clients.

Alain Le Pajolec
Chairman and CEO

détaillant la complémentarité de l'approche ingénieur/architecte/expert et l'intérêt de réunir art et science. Dans les chapitres trois et quatre nous évoquons la complexité des grands développements aéroportuaires (gestion des flux, insertion territoriale, échelle de travail) et précisons comment nous adaptons notre réflexion à chaque échelle et chaque contexte. Le dernier chapitre traite de la relation entre les aéroports et les villes et dépeint les similarités qui nous ont amenés à étendre notre action des aéroports aux développements urbains et à la conception de bâtiments prestigieux au cœur des villes.

Chaque chapitre expose une idée maîtresse, illustrée ensuite par nos projets et nos compétences afin de révéler et partager notre mode de travail. Et si tous ces projets sont le fruit d'une riche collaboration interne, il faut souligner l'apport de nos partenaires, des constructeurs et des clients qui nous font confiance.

Alain Le Pajolec
Président Directeur Général

01

INTRODUCTION

INTRODUCTION

_____ *Airports are much more than terminals. They are major infrastructure networks designed to facilitate mass-movement as efficiently as possible in a constrained environment and have become, in more recent years, important social, commercial and industrial centres*

ENFIDHA INTERNATIONAL
PASSENGER TEMINAL
Aerial view

03.1

03.1 ORGANISATION AND COMPLEXITY
FLOW MANAGEMENT, SITE CONSTRAINTS AND REGIONAL INTEGRATION

03.1 ORGANISER LA COMPLEXITÉ
GESTION DES FLUX, CONTRAINTES DE SITE ET INSERTION RÉGIONALE

Airports are much more than terminals. They are major infrastructure networks designed to facilitate mass-movement as efficiently as possible in a constrained environment and have become, in more recent years, important social, commercial and industrial centres. A closer look at the complexity of the traffic networks and the different activities to be found within airport confines is necessary in order to understand the roles that ADPI plays in flow management and airport design at the different scales, from territorial integration to airport master planning.

Airports process traffic: aircraft, cars, trains, buses, people, goods, cargo, post…, along a number of paths proposing different connection possibilities and a variety of services. In many airports it is possible to stop over, work, dine, shop, sleep, swim, go to the cinema or an exhibition… connect with another plane, take a train, a car, a bus…. The number of public services is vast and behind the scenes, the number of back-up services is equally complex and diverse (maintenance, cargo, technical, security…). An airport is a type of hyper-space built around movement rather than around a centre and a periphery. Inter-modality is a major pre-occupation in urban development and regeneration programmes, and airport network configurations have become a reference for many town planners and urban strategists.

Les aéroports ne se réduisent pas aux seules aérogares : ce sont des réseaux d'infrastructures majeurs conçus dans un environnement contraint pour faciliter les mouvements de masse le plus efficacement possible. Ils sont devenus durant ces dernières années, des centres sociaux, commerciaux et industriels de première importance. En étudiant attentivement la complexité de l'ensemble du trafic et des différents services qui composent un aéroport, on mesure la valeur de l'apport d'ADPI dans les problématiques de conception des aéroports et de gestion des flux aux différentes échelles, de l'insertion dans un territoire à l'aménagement du site aéroportuaire.

Les aéroports traitent le trafic de multiples flux (avions, voitures, trains, bus, personnes, biens, fret, courrier…) au sein d'un réseau proposant différentes possibilités de correspondances et tout un assortiment de services. Dans beaucoup d'aéroports, il est possible de faire une escale, travailler, dîner, faire des courses, dormir, nager, aller au cinéma ou à une exposition, prendre une correspondance, un train, une voiture ou un bus…. Les services publics foisonnent et dans les coulisses le réseau de services est tout aussi complexe et diversifié (maintenance, fret, logistique, sécurité…). Un aéroport est une sorte d'hyper-espace construit autour du mouvement plutôt qu'autour d'un centre et une périphérie. L'inter-modalité constitue une préoccupation majeure dans le développement ou la restructuration urbaine, la configuration des réseaux à l'intérieur des aéroports est devenue à cet égard une référence pour de nombreux urbanistes et acteurs de la planification urbaine.

____There are a number of different overlapping layers to be considered concurrently when master planning an airport, such as navigational and environmental constraints, programme objectives and security, financial, political and social considerations

There are a number of different overlapping layers to be considered concurrently when master planning an airport, such as navigational (air traffic movements, forecasts) and environmental (climatic, topographical and urban) constraints, programme objectives (number and types of modes of transport, expected population growth and activities) and security, financial, political and social considerations. A large degree of uncertainty is inherent in each of these areas and requires, in response from designers, a high level of flexibility and creativity.

The navigational and environmental requirements are comparable no matter where the airport is located and participate largely in generating a similar anatomy to airport developments across the globe. Airports are built on plateaus, surrounded by buffer zones, and the hard landscaped areas are roughly ten times greater than the built up or urbanised areas. The plateaus facilitate landing and taking off. The buffer zones are implemented to mitigate against noise pollution and the large, open, hard landscaped areas are made up of the extensive infrastructure: from runways, taxi-ways, aprons and roads. The dominant site characteristics are the large "open spaces", horizons with vast perspectives where there is a visible interweaving of the hard landscape, the infrastructure and the architecture, rather than the density of the enclosed spaces as
in many urban situations.

Most airport developments are extensions of existing infrastructure. A typical scenario is one where a small regional airport expands and becomes part of the national or international transport network. The existing infrastructure (roads, runways, terminal, air traffic control tower…) are upgraded and extended progressively. At the local, regional, national and international levels a transport

Lors de la conception d'un aéroport, un certain nombre de strates constituées d'exigences et contraintes se superposent, comme par exemple les contraintes de navigation (trafic aérien, prévisions), les contraintes environnementales (climat, topographie, urbanisme), les objectifs du programme (nombre et types de moyens de transport, croissance future de la population et services), ainsi que les aspects financiers, politiques, sociaux ou touchant à la sécurité. Chacun de ces domaines implique un grand degré d'incertitude et requiert, de la part des concepteurs des réponses innovantes et flexibles.

Les exigences de navigation et de fonctionnement sont comparables pour tous les aéroports, quelle que soit leur situation géographique, et conduisent donc à l'élaboration d'une topologie relativement similaire aux développements aéroportuaires dans le monde. Les aéroports sont construits sur des plateaux, sont entourés de zones tampons, et les aménagements extérieurs couvrent une surface à peu près dix fois supérieure à celle des zones construites ou urbanisées. Les plateaux facilitent l'atterrissage et le décollage, les « zones tampons » visent à réduire l'effet des pollutions acoustiques et environnementales, et les aménagements extérieurs regroupent toute l'infrastructure : pistes, voies de circulation, aires de stationnement et routes. Le site aéroportuaire se caractérise donc essentiellement par ses larges « espaces ouverts », ses horizons à perte de vue où l'on découvre un large entrelacement entre des éléments de paysage, d'infrastructure et d'architecture, plus que la compacité d'un espace urbain.

La plupart des développements aéroportuaires sont des extensions d'infrastructures existantes. Le scénario typique est celui d'un petit aéroport régional, qui prend de l'ampleur et devient partie

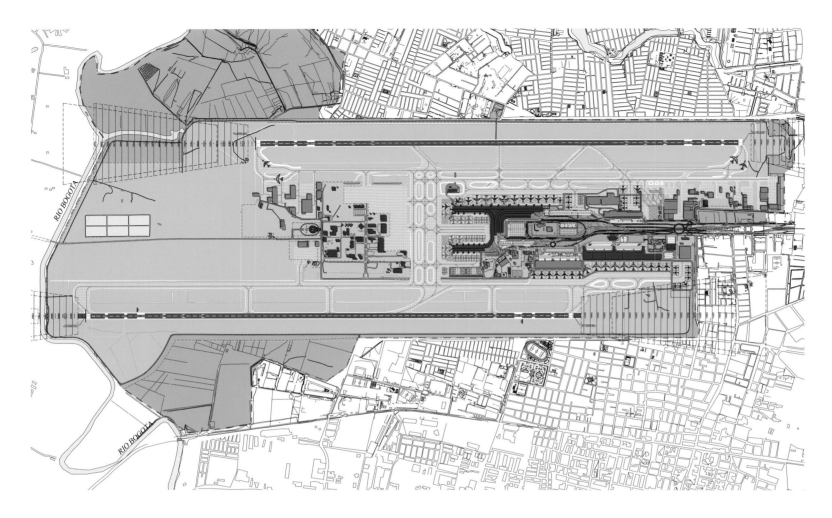

BOGOTA INTERNATIONAL AIRPORT
Master plan

strategy is implemented and modified at different intervals. In national transport networks the air, rail, road and maritime connections overlap. The inter-dependence and the co-existence of the different modes of transport or types of mobility are the keys to an efficient and variable inter-modality.

intégrante du réseau national ou international, et dont les infrastructures existantes (routes, pistes, terminal, tour de contrôle…) vont être améliorées et progressivement étendues. Aux niveaux local, régional, national et international, une stratégie de transport est mise en œuvre et modifiée à différents intervalles. Dans les réseaux de transport nationaux, les liaisons aériennes, ferroviaires, routières et maritimes se chevauchent. L'inter-connectivité et la coexistence des différents moyens de transport ou types de mobilité sont les clés d'une inter-modalité efficace et variable.

03.2

_____ *Each site has its own specific site characteristics related to its geography and demography, and give the airport its particular contextual identity*

03.2 AIRPORT MASTER PLANS
DIFFERENT LAYOUTS FOR
DIFFERENT ENVIRONMENTS

ADPI has worked on a large number of different airport developments across the globe. Each site has its own specific site characteristics related to its geography and demography, and give the airport its particular contextual identity:

03.2 PLANS D'AMÉNAGEMENT AÉROPORTUAIRES
UNE CONFIGURATION DICTÉE
PAR L'ENVIRONNEMENT

L'expérience d'ADPI se nourrit des enseignements de la conception d'un grand nombre d'aéroports de par le monde. Chacun des sites suivants présente ses caractéristiques propres, liées à sa géographie et à sa démographie, et auxquelles l'aéroport doit son identité contextuelle toute particulière:

AN AIRPORT IN THE FIELDS
Paris Charles de Gaulle
International Airport

Paris Charles de Gaulle Airport was built in a rural zone over a 40 year period. The fields were progressively reclaimed; for the most part the airport is surrounded by arable farm land, creating a spacious vision of green fields on all horizons. The airport caters for 60 million passengers, 2,280,000 tonnes of cargo per annum, covers 3,300 hectares, and is 20 kilometres north of Paris.

L'aéroport Paris-Charles de Gaulle a été construit sur une période de 40 ans, dans une zone rurale progressivement transformée par les installations aéroportuaires et est principalement cerné de terres agricoles arables, ce qui offre une vue dégagée sur des étendues verdoyantes dans toutes les directions. L'aéroport couvre 3 300 hectares à 20 km au nord de Paris, et accueille en 2010 60 millions de passagers et 2 280 000 tonnes de fret par an.

King Abdulaziz International Airport in Jeddah (Kingdom of Saudi Arabia) opens out onto a desert landscape to the north and east, to the Red Sea to the west and to the old city to the south, creating a varied perspective from the different view points. The region is undergoing a vast infrastructure development and will cater for 30 million passengers per annum after completion of Phase 1, and is planned to progressively expand to 80 million passengers after Phase 3. The airport territory covers 9,500 hectares.

L'aéroport international de Djeddah (Royaume d' Arabie Saoudite), Aéroport International King Abdulaziz, s'ouvre sur le désert au nord et à l'est, sur la mer Rouge à l'ouest et sur la vieille ville au sud, offrant des paysages différenciés de toutes parts. Les infrastructures de la région font l'objet de vastes développements: l'aéroport aura une capacité de 30 millions de passagers par an à l'achèvement des travaux de la phase 1, et à l'achèvement de la phase 3, ces chiffres devraient progressivement atteindre 80 millions de passagers. L'aéroport couvre à lui seul 9.500 hectares.

AN AIRPORT IN THE DESERT
King Abdulaziz International
Airport (KAIA), Jeddah

AN AIRPORT IN THE SEA
Kansai International Airport

Kansai International Airport is located on a purpose-built artificial island off the Osaka coast (Japan) as there was not enough undeveloped land available in this region. The airport offers immense views to the sea, caters for 13.5 million passengers and covers 1,093 hectares.

L'aéroport international de Kansai est situé sur une île artificielle construite "sur mesure" au large des côtes d'Osaka (Japon), ceci en raison du manque de terrain disponible dans la région. Il offre ainsi de larges panoramas sur l'immensité de l'océan. L'aéroport traite par an 13,5 millions de passagers et couvre 1.093 hectares.

AN AIRPORT IN THE CITY
Dubai International Airport

Dubai International Airport is located within a low density urbanised zone of the city. The airport caters for 40 million passengers per annum, and covers 1,360 hectares. The area of the airport is relatively speaking a lot smaller than Charles de Gaulle or Jeddah Airports. In order to compensate for the lack of ground area, the terminal buildings were developed as an underground complex. Only the airside infrastructure—piers, runways, taxiways and the control tower—were built above ground level. Thus the airport has little visible construction in the foreground and is more characterised by the open spaces and the cityscape in the background.

L'aéroport international de Dubaï se situe dans une zone urbanisée à faible population. Cet aéroport accueille 40 millions de passagers par an, et couvre 1.360 hectares. La surface est donc, par comparaison, nettement inférieure à celle des aéroports Roissy CDG ou de Djeddah. Afin de compenser le manque d'espace, le nouveau terminal 3 a été développé en souterrain. En revanche, les infrastructures aériennes : jetées d'embarquements, pistes, voies de circulation et tour de contrôle ont bien évidemment été construites au niveau du sol et confèrent ainsi au site ses traits prédominants d'un aéroport avec peu de constructions visibles et avec un paysage urbain en arrière-plan.

KING ABDULAZIZ INTERNATIONAL
AIRPORT, JEDDAH
3-D aerial view

_____ *Airport territory is divided into two distinct zones;*
landside and airside. The landside area of the airport is open
to the public. The airside zone is only accessible to passengers
and staff, and includes the airfield, and covers roughly 75%
of the total area

03.3

03.3 AIRPORTS AND INTER-MODALITY
JEDDAH AIRPORT SITE

Airport territory is divided into two distinct zones; landside and airside. The landside area of the airport is open to the public. The airside zone is only accessible to passengers and staff and includes the airfield, and covers roughly 75% of the total area. When master planning an airport the two zones are planned concurrently. Many of the buildings are positioned to straddle the two zones and incorporate an internal frontier such as the terminal buildings, cargo, maintenance and air service facilities. More distinctly on the airside, there is the airfield, which is composed of runways, taxiways, aircraft parking stands and ancillary airside facilities. On the landside, there are a number of different activities including commercial, tertiary, technical and industrial zones.

When ADPI began working on the master plan for Jeddah Airport, there were three separate passenger facilities: the North and South Terminal buildings, and the Hajj Terminal and two runways in operation. The new master plan by ADPI is composed of three phases. At each progressive phase, the airport infrastructure and facilities are to be extended or upgraded. The Hajj Terminal has been renovated as part of the Phase 1 programme and continues to cater for Hajj pilgrims. The North and South Terminals will eventually be demolished and replaced by new terminals that will cater for the remainder of Hajj pilgrims during the Hajj period and the constant flow of passengers and traders.

03.3 LES AÉROPORTS ET L'INTER-MODALITÉ
LA PLATE-FORME DE JEDDAH

Le territoire aéroportuaire est constitué de deux zones distinctes : le côté ville et le côté piste. La zone côté ville est ouverte au public, tandis que la zone côté piste est d'un accès restreint et inclut la plateforme aéronautique qui couvre 75 % de la surface totale du site. Lors de la conception d'un aéroport, les deux zones sont planifiées simultanément; la majorité des bâtiments chevauchent ainsi les deux zones avec des frontières internes telles que les terminaux ou les installations dédiées au fret, à la maintenance ou au service aérien. De façon plus précise, le côté piste comprend les terrains d'aviation composés des pistes, des voies de circulation, des aires de stationnement des avions et des installations auxiliaires. Quant au côté ville, il comprend au-delà des terminaux passagers ou cargo, un certain nombre d'activités diverses avec des zones commerciales, tertiaires, techniques et industrielles.

Lorsqu'ADPI a commencé à travailler sur le plan d'aménagement de l'aéroport de Djeddah, celui-ci fonctionnait avec trois terminaux séparés (nord, sud, et Hajj) et seulement deux pistes. Le nouvel aéroport imaginé par ADPI va se développer en trois temps au cours desquels les infrastructures et installations de l'aéroport vont progressivement être agrandies ou améliorées. Le terminal du Hajj a été rénové dans le cadre de la phase 1 et il continue d'accueillir les pèlerins. Les terminaux nord et sud vont être démolis et remplacés par de nouveaux terminaux qui accueilleront le surplus de pèlerins pendant la période du Hajj ainsi que le flux constant de voyageurs et commerçants.

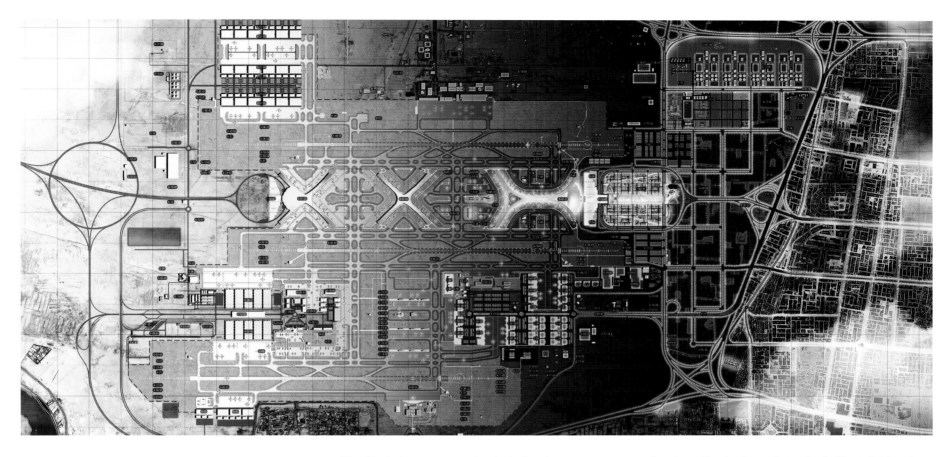

KING ABDULAZIZ INTERNATIONAL
AIRPORT, JEDDAH
Master plan (Phases 1–3)

The final phase master plan includes three new connected terminal buildings, a new runway and is organised around six main facility groups and an airport city development:

• Airfield facilities (control tower and centre, radar and radio transmission centre)

• Passenger facilities (terminal buildings)

• Cargo facilities (cargo terminal, storage and administration)

• Airport support facilities (fire station, offices, storage, maintenance, technical and meteorological)

• Airline support facilities

• Airport utilities (energy plant, water and waste services station).

La phase finale du projet prévoit l'installation de trois nouveaux terminaux reliés entre eux et d'une nouvelle piste. Le projet s'organise autour de six principales installations et d'une cité aéroportuaire :

• Installations aéronautiques (tour de contrôle, centre de transmission radar et radio)

• Terminaux passagers

• Terminal fret (stockage et administration du fret)

• Services d'assistance de l'aéroport (caserne de pompiers, bureaux, stockage, maintenance, services techniques et météorologiques)

• Services d'appui aux compagnies aériennes

• Services urbains (centrale électrique, traitement des eaux et des déchets).

_____*The emphasis is on the interdisciplinary approach, where inter-modality, programme diversity and environmental considerations are concurrently considered*

KING ABDULAZIZ INTERNATIONAL
AIRPORT, JEDDAH
3-D aerial view of the airport city

The Jeddah master plan incorporates a number of aspects that distinguish it from other airport master plans. The airport was designed to meet the 'LEED' (Leadership in Energy and Environmental Design) standards for sustainable development, overlapping an infrastructure strategy proposing air, rail and road connections, an extensive landscaping plan and an urban airport city development programme. A policy document was drawn up stipulating acceptable standards for a number of environmental aspects: noise exposure (sensitive spatial functions in the surroundings), soil treatment (attention to possible soil contamination), water management (impact on ground water quality and quantity, use of grey water), preservation of ambient air quality and waste management. The environmental recommendations go well beyond the airport confines, taking into account the parallel programmes in the area: infrastructure, landscaping and urbanism. The emphasis is on the interdisciplinary approach, where inter-modality, programme diversity and environmental considerations are concurrently considered and where landscaping is an integral part of the master plan, thus contributing to pave a sustainable way forward for large infrastructure planning and design.

Le plan d'aménagement intègre un certain nombre d'aspects qui le distinguent des autres plans d'aéroport. L'aéroport a été conçu pour satisfaire aux normes « LEED » (Leadership in Energy and Environmental Design) pour le développement durable grâce à une stratégie globale proposant des liaisons aériennes, ferroviaires et routières, et incluant des aménagements paysagers conséquents ainsi qu'un programme de développement urbain ou "cité aéroportuaire". Un cahier des charges a été constitué, spécifiant les standards acceptables pour les différents aspects environnementaux : exposition au bruit (sensibilité de l'environnement), traitement du sol (parer à toute contamination du sol), gestion des eaux (impact sur la qualité et la quantité des eaux souterraines, utilisation des eaux usées), préservation de la qualité de l'air ambiant et gestion des déchets. Les recommandations d'ordre environnemental vont bien au-delà des limites de l'aéroport et prennent en compte les programmes prévus en parallèle : infrastructures, aménagements paysagers et urbanisme dans la zone. Cette approche interdisciplinaire, qui combine inter-modalité, diversité des programmes et préoccupations environnementales et qui intègre les aménagements paysagers dans le plan d'aménagement, ouvre la voie vers une nouvelle approche dans la conception de grandes infrastructures.

While working on the infrastructure planning and the airport access development plan for Jeddah Airport, the number, the frequency and the type of travellers to be considered were very specific. Jeddah, the gateway to Mecca, overlooks the Red Sea and has for centuries welcomed travellers, traders and pilgrims into its port. It is an important and expanding commercial centre in Saudi Arabia. There are principally three different types of travellers passing through the city, its airport and its port, and at very different temporalities; the 15 million Hajj pilgrims on route to the city of Mecca during a seven week period each year, who carry a lot of personal belongings, a constant flow of traders and their baggage, and intermittent tourists with lighter loads. Alongside the different passengers and their bags, there is an increasing number of goods (cargo) passing through the city, with the port and the airport creating another complex flow path to be considered.

At the competition stage, ADPI proposed an airport master plan incorporating a road, rail and an air network strategy for the airport and the surrounding region, with a number of different routes for access and egress to and from the airport. The combined infrastructure approach (which included different proposals), phased over a number of different periods, took into account the projected passenger traffic and cargo figures, and enabled the client to construct a flexible regional and airport development plan. The plan includes a regional road network and rail layout (with a projected inter-change station at the airport), and a detailed infrastructure master plan for the airport and the airport city development.

Lorsqu'il fut question d'organiser les infrastructures et le plan d'accès de l'aéroport de Djeddah, les différents types de voyageurs, leur nombre et la périodicité de leur fréquentation ont constitué des données très spécifiques. Djeddah se situe aux portes de la Mecque, surplombe la mer Rouge, accueille voyageurs, commerçants et pèlerins dans son port depuis des siècles, et constitue une zone marchande en plein essor en Arabie Saoudite. Les voyageurs passant par la ville, son aéroport et son port sont essentiellement de trois types, chacun avec des modalités de fréquentation très différentes: les 15 millions de pèlerins du Hajj se dirigeant vers la Mecque sur une période de sept semaines chaque année voyageant avec beaucoup de biens personnels, les commerçants en flux constant avec leurs bagages, et les touristes en flux intermittent avec des charges plus légères. Parallèlement à ces différents voyageurs, des volumes toujours plus conséquents de marchandises (fret) transitent par la ville, le port et l'aéroport, créant un autre flux complexe à prendre en considération.

En réponse à l'appel d'offres, ADPI a proposé un premier plan intégrant une stratégie de réseau routier, ferroviaire et aérien pour l'aéroport et la région environnante, offrant ainsi diverses possibilités pour se rendre ou sortir de l'aéroport. Cette approche d'infrastructures combinées (incluant différentes options) était prévue en plusieurs phases successives et prenait en compte les prévisions de trafic passagers et de fret pour le territoire, ce qui a permis l'élaboration d'un plan de développement flexible pour l'aéroport et la région. Ce plan inclut un réseau routier régional, des aménagements ferroviaires (avec une gare de changement prévue à l'aéroport) et un plan détaillé d'aménagement des infrastructures en vue du développement de l'aéroport et de la ville aéroportuaire.

**KING ABDULAZIZ
INTERNATIONAL
AIRPORT, JEDDAH**
Territorial plan showing
different infrastructures:
road, rail and maritime
connections

 ROAD INFRASTRUCTURE

 RAIL NETWORK

04

FROM TERRITORY TO MAN

04.1 FROM TERRITORY TO MAN
HUMAN SCALE AT THE HEART OF DESIGN

04.2 AIRPORT TERMINALS
INTERNATIONAL EXPERIENCE
AND LOCAL APPLICATION

DU TERRITOIRE À L'HOMME

04.1 DU TERRITOIRE À L'HOMME
L'ÉCHELLE HUMAINE AU CŒUR
DE LA CONCEPTION

04.2 TERMINAUX AÉROPORTUAIRES
DÉCLINER LOCALEMENT UNE
EXPÉRIENCE INTERNATIONALE

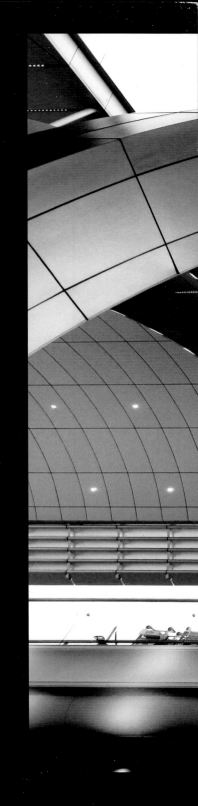

04.1

_____ Whereas airport master planning involves a large-scale approach, terminal design is all about the people who inhabit the spaces

04.1 FROM TERRITORY TO MAN
HUMAN SCALE AT THE HEART OF DESIGN

04.1 DU TERRITOIRE À L'HOMME
L'ÉCHELLE HUMAINE AU CŒUR DE LA CONCEPTION

Whereas airport master planning involves a large-scale approach, terminal design is all about the people who inhabit the spaces. Initially, airport terminal architecture was monumental and romantic. Buildings were crafted to last long periods and embodied the mythological era of air travel. Terminals such as the TWA terminal at JFK in New York, designed by Eero Saarinen in 1962, or Paris Charles de Gaulle Terminal 1, designed by Paul Andreu for Aeroports de Paris in 1969, were hallmarks of a period in air travel when terminals were singularly centred around air transport. With the rapid democratisation of air travel, the evolution of aircraft design, the growth of inter-modality and the boom of low cost airlines during the last two decades, a new typology for terminal design evolved where building flexibility became the overriding concern. Management of flux and inter-modality are intrinsic to terminal architecture in the same way as they are at the core of airport master planning. Flying is no longer perceived as such an extraordinary journey. It is more about getting from one place to another safely, quickly and comfortably. Flying has become cheaper and more accessible, and terminals have likewise evolved to become efficient, flexible transit spaces offering an even larger number of connection possibilities and services for the public.

Si les aéroports sont pensés à grande échelle, la conception des bâtiments aéroportuaires reste guidée par les besoins des hommes qui les utilisent. Àu départ, l'architecture des aérogares était souvent monumentale et empreinte d'un caractère romantique. Les bâtiments devaient durer longtemps et incarnaient l'ère mythique du voyage aérien ; des aérogares comme le Terminal TWA de l'aéroport JFK de New York, imaginé par Eero Saarinen en 1961, ou le terminal 1 de Paris-Charles de Gaulle, conçu par Paul Andreu pour Aéroports de Paris en 1969, sont les symboles d'une période où les aérogares étaient particulièrement axées sur le mythe du transport aérien. Avec la démocratisation du transport aérien, l'évolution technique des avions, la croissance de l'inter-modalité et le succès des compagnies low-cost ces deux dernières décennies, un nouveau type de conception d'aérogares est apparu, où la flexibilité devient le souci premier des concepteurs. La gestion des flux et de l'inter-modalité font à la fois partie intégrante de la conception architecturale des terminaux, tout autant qu'elles se trouvent au cœur des problématiques de plan masse. Prendre l'avion n'est plus considéré comme extraordinaire ; il s'agit seulement de se rendre d'un endroit à un autre en toute sécurité, de manière rapide et avec un certain confort. Voyager en avion étant devenu moins cher et plus accessible, les aérogares ont suivi une évolution semblable pour devenir des espaces de transit dynamiques et flexibles, offrant un nombre toujours plus grand de correspondances et de services pour le public.

DUBAI INTERNATIONAL
PASSENGER TERMINAL
View of the canopy kerbside
entrance to terminal

_____ *The passenger route going from the landside public spaces to the plane is sequenced by waiting areas and designated flow paths (including check-in, border control, baggage and identity checks) designed to ensure maximum security and comfort*

ABOVE AND OPPOSITE
DUBLIN AIRPORT T1 EXTENSION
Airside shopping area; Airside
external view of extension
showing clouds on glazing
against a cloudy sky

Airport passenger terminals are located between two main zones. On one side they interface with the city environment (landside) and, on the other, with the apron movements (airside). The passenger route going from the landside public spaces to the plane is sequenced by waiting areas and designated flow paths (including check-in, border control, baggage and identity checks) designed to ensure maximum security and comfort. Terminal design hinges on an in-depth understanding of airside and landside requirements, transport logistics, the commercial and social aspects and on the bridging of the different zones comfortably, safely and efficiently.

Airports are no longer just logistic transportation centres. There are an increasing range of activities and public social spaces available on the landside (restaurants, shops, bars and work, family, recreation and rest areas). In many airports, airport cities (offices, hotels, housing estates, car parks…) are extensions of the terminal landside activities and the external spaces, plazas, pedestrian routes, parks and landscaped areas have also taken on a new urban dimension.

Les terminaux passagers des aéroports font la jonction entre deux espaces principaux: ils donnent accès d'une part à l'espace urbain (côté ville) et d'autre part aux aires de trafic aéronautique (côté piste). Entre le hall public et l'avion, le passager navigue entre espaces d'attente et points de passage obligés (enregistrement, contrôle d'identité, contrôle des bagages…), conçus chacun dans le souci du confort et la sécurité du passager.
La conception des terminaux s'articule autour d'une compréhension précise des exigences relatives aux côtés ville, et côté piste, de la logistique propre au transport, des aspects commerciaux et sociaux, ainsi que de la liaison confortable, sûre et efficace entre ces différentes zones.

Du fait de la présence d'un nombre en constante évolution de services et d'espaces publics côté ville (restaurants, boutiques, bars et espaces consacrés au travail, à la famille, au divertissement ou au repos), l'aéroport n'est plus un simple centre de logistique dédié au transport. Dans bon nombre d'aéroports, les cités aéroportuaires (bureaux, hôtels, immobilier, parkings, etc.) sont le prolongement des activités des aérogares et les aménagements extérieurs, places, voies piétonnes, parcs et espaces paysagers ont pris à leur tour une nouvelle dimension urbaine.

EL DORADO INTERNATIONAL
TERMINAL, BOGOTA
View showing the departures
concourse

_____ *The landside is primarily a large assembly hall for awaiting passengers, "greeters and meeters" and has become an important public social space or meeting venue*

The check-in area and the airline desks are located on the landside but back also on to the airside baggage handling system. With the evolution of 'e check-in' services, the physical size of the check-in area has diminished and is primarily dedicated to baggage drop off. The airline ticketing and information desks are located alongside the check-in area. Outside the pre-mentioned air-transport services, the landside is primarily a large assembly hall for awaiting passengers, "greeters and meeters" and has become an important public social space or meeting venue.

On the airside, access is controlled and restricted to passengers and staff only, and is made up of two main areas:

• Internal airside zone including the departures lounges (duty free, etc.) and gates, arrivals hall, baggage claim and related services

• External airside area known as the apron (for aircraft maneuvres and parking) that includes the taxiways and runways.

La zone d'enregistrement, comprenant les comptoirs des compagnies aériennes et les bornes libre service, est située du côté ville mais est relié au coté piste via le système d'acheminement des bagages. Avec l'essor des services d'enregistrement électroniques, la taille de la zone d'enregistrement se retrouve réduite et sert principalement au dépôt des bagages. A côté de cette zone, on trouve les billetteries et comptoirs d'information des différentes compagnies. En dehors des services de transport aérien déjà mentionnés, le côté ville consiste principalement en un vaste hall d'attente pour les passagers et leurs accompagnants, et est donc devenu un espace public important et un lieu de rencontre

Le côté piste, dont l'accès est contrôlé et réservé exclusivement aux passagers et au personnel, est composé de deux espaces principaux :

• La zone interne, comprenant les salles et portes d'embarquement (et magasins de ventes détaxées, etc.), la zone d'arrivée, la zone de retrait des bagages et les services correspondants

• La zone externe, ou aire de trafic (pour les manœuvres et le stationnement des avions), comprenant les voies de circulation et les pistes.

If the landside area of the airport has undergone a considerable mutation towards becoming an important social and commercial centre more closely connected to the city, the airside area has also evolved considerably to meet demands for greater flexibility to accommodate varying aircraft sizes, quicker turnaround times and larger numbers of parked aircraft simultaneously. Close contact stands are a priority for many airlines, and coupled with the increasing flexibility requirements, have led to multiple satellite configurations. A typical layout is where the departure lounges and arrival gates are housed in a remote pier, separated from the landside terminal, and in close contact with the airfield. The piers are in turn connected to the landside terminal by an internal rail system or people mover.

In conjunction with the rise in passenger numbers and aircraft sizes, the volumes and size of baggage handled in international airports have risen comparatively in the last decade. The baggage handling system (BHS) or baggage sorting area (which is not visible to the public) occupies about one third of the overall internal airside volume. With the development of electronic baggage ticketing and remote control systems, it has become a very sophisticated cog in air transport logistics.

Si l'espace côté ville a connu des changements considérables pour devenir aujourd'hui un pôle social et commercial important et connecté à la ville, l'espace côté piste a lui aussi beaucoup évolué afin de répondre aux attentes d'une plus grande souplesse permettant l'accueil d'avions de toutes tailles, la réduction des temps de rotation et le stationnement simultané d'un plus grand nombre d'avions. Les postes de stationnement au contact du terminal sont une priorité pour beaucoup de compagnies aériennes et, de pair avec des exigences croissantes en matière de souplesse, leur développement a conduit à la mise en place de multiples configurations de type "satellites". L'aménagement typique regroupe les salles d'embarquement et les portes d'arrivée sur une jetée éloignée, séparée du terminal principal, et proche des pistes. Les jetées d'embarquement sont alors connectées au terminal par un système de transport ferroviaire ou « people mover ».

Tout comme le nombre de passagers et la taille des avions, la quantité et la taille des bagages manipulés dans les aéroports internationaux n'ont cessé de croître ces dix dernières années. Le système de traitement des bagages (STB) ou la zone de tri des bagages (qui n'est pas visible du public) occupe environ un tiers du volume intérieur total du côté piste et, compte tenu du développement de l'enregistrement électronique des bagages et des systèmes de commande, est devenu un des maillons les plus sophistiqués de la chaîne logistique du transport aérien.

DUBAI INTERNATIONAL
PASSENGER TERMINAL
Night view of the canopy
kerbside entrance

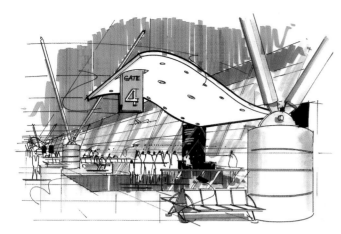

TRIPOLI INTERNATIONAL
TERMINAL, LIBYA
Sketch view of the
departures lounge

Moving through a terminal can be a complex process and quite stressful for passengers in a hurry. Architecture contributes largely to passenger well-being during a journey through the public spaces of the airport. Airport signage or wayfinding has become an important tool to help passengers navigate efficiently and comfortably on their way to their destination. Most airport signage figure in six languages (English, Spanish, French, Arabic, Chinese and Japanese) and relies heavily on pictograms to communicate simply through symbols. Signage has to be consistent and legible throughout the terminal without interfering with space perception and it is an important integral part of the design right from the concept stage.

Undoubtedly, aircraft logistics have largely fashioned the configuration of the airside in passenger terminals while recent trends in urbanism have greatly influenced the development of land-side programmes. Taking into consideration the coexistence and the complexity of these two 'zones', coupled with the intricate nature of the transition areas (border control, identity and baggage checks), ADPI holds a unique position in that it follows very closely the latest airport developments, requirements and technology. The firm is made up of architects, urban designers and engineers with specialised airport and transport logistics skills that work hand in hand with the Aeroport de Paris teams that operate the Parisian airports.

Se déplacer dans un terminal peut s'avérer très compliqué et stressant pour les passagers pris par le temps. L'architecture contribue largement au bien-être des passagers tout au long de leur parcours dans l'espace de vie qu'est l'aérogare. La signalétique est devenue un facteur essentiel d'assistance aux passagers, afin qu'ils puissent cheminer efficacement et tranquillement jusqu'à leur destination. Dans la plupart des aéroports, les indications sont données dans 6 langues (anglais, espagnol, français, arabe, chinois et japonais) et ont souvent recours aux pictogrammes pour communiquer facilement à l'aide de symboles. La signalétique doit être homogène et lisible d'un bout à l'autre du terminal, sans nuire à la perception de l'espace ; elle est prise en compte dès les premiers stades de la conception.

La logistique aérienne a de toute évidence contribué dans une large mesure au façonnage du côté piste des aérogares, alors que les dernières tendances urbaines ont grandement influencé la réalisation des projets côté ville. La prise en compte de la coexistence et de la complexité de ces deux « zones », ainsi que de la nature complexe des zones de contrôle (contrôle douanier, vérification d'identité, inspection des bagages), a permis à ADPI d'occuper une place unique, dans la mesure où ses équipes suivent de très près les dernières évolutions, exigences et techniques concernant les aéroports. Le personnel d'ADPI est composé de concepteurs, d'urbanistes et d'ingénieurs qui possèdent des compétences en logistique aéroportuaire et ingénierie du transport. Ils bénéficient du retour d'expérience des équipes d'Aéroport de Paris chargées de l'exploitation des aéroports parisiens.

____ Architecture contributes largely to passenger well being during a journey through the public spaces of the airport

RIGHT
EL DORADO INTERNATIONAL
TERMINAL, BOGOTA
3-D internal image showing
natural roof lighting, timber
ceiling and internal planted
patios

LEFT
TRIPOLI INTERNATIONAL
TERMINAL, LIBYA
3-D internal view of
the passenger terminal

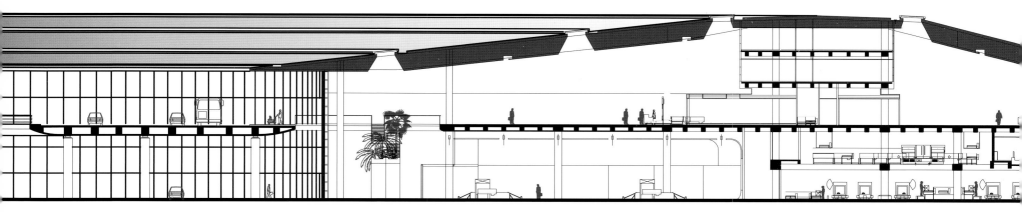

04.2

04.2 AIRPORT TERMINALS
INTERNATIONAL EXPERIENCE
AND LOCAL APPLICATION

4.2 TERMINAUX AÉROPORTUAIRES
DÉCLINER LOCALEMENT UNE
EXPÉRIENCE INTERNATIONALE

The adjoining passenger terminals illustrate how, in specific contexts, ADPI developed different architectural and logistic approaches coherent with client ambitions, project size, budget and climatic conditions and also how the terminals have evolved over time, embracing demands for greater flexibility and inter-connectivity.

Les descriptions suivantes de terminaux illustrent la manière dont ADPI a pu adopter des approches architecturales et logistiques différentes, en fonction de la spécificité du contexte, afin de respecter à la fois les ambitions du client, la taille du projet, le budget et les conditions géographiques locales. Ces exemples montrent aussi comment les terminaux ont évolué pour offrir plus de souplesse et d'inter-connectivité.

_____ *The linear forms of the roof, which are made up of a series of continuous bands, echo the geometry and the patterns of the infrastructure and the landscape*

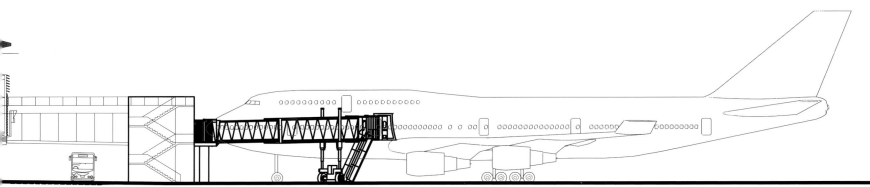

EL DORADO INTERNATIONAL
PASSENGER TERMINAL, BOGOTA
Cross-section

El Dorado International Passenger Terminal, Bogota, Colombia

Since 2006, ADPI has been working on the new master plan for Bogota Airport. In conjunction with the master planning and the ground infrastructure design, ADPI designed a new passenger terminal, a cargo terminal and is actively involved in the renovation of the existing buildings and facilities. The new passenger terminal covers a floor area of about 145,000m² and will cater for both international and domestic passengers. The terminal landside areas open onto extensive parklands while the road and light rail access are an integral part of the landscape. The linear forms of the roof, which are made up of a series of continuous bands, echo the geometry and the patterns of the infrastructure and the landscape. The architecture, in the interior of the terminal, continues the linear landscape theme with a series of planted patios that are disposed along the departures levels running below the daylighting strips that separate the roof bands.

Terminal passagers de l'aéroport international El Dorado à Bogota, Colombie

Depuis 2006, ADPI travaille sur le nouveau plan d'aménagement de l'aéroport de Bogota. Outre le plan masse d'ensemble et la conception des infrastructures routières, ADPI a conçu un nouveau terminal passagers et une aérogare de fret, et participe activement à la rénovation des bâtiments et équipements existants. Le nouveau terminal passager, dont la superficie sera d'environ 145 000 m², accueillera sous un même toit les passagers internationaux et domestiques. Les zones côté ville s'ouvrent sur de grands espaces verts; les accès aux routes et au réseau ferré léger font partie intégrante du paysage. Les formes linéaires de la toiture, constituée d'une suite de bandes continues, rappellent la géométrie et les motifs de l'infrastructure et du paysage. L'architecture intérieure du terminal adopte également le thème linéaire du paysage; des terrasses verdoyantes sont disposées le long du niveau des départs, sous les puits de lumière espacés entre les poutrelles.

EL DORADO INTERNATIONAL
PASSENGER TERMINAL, BOGOTA
3-D aerial view showing the linear
forms of the roof and the patterns
of the landscape

_____*The decision to continue operations of the existing terminal during construction of the new terminal was made after a period of intense dialogue with the local airport operations team*

The new terminal was designed to be constructed in three phases around the old terminal. The decision to continue operations of the existing terminal during construction of the new terminal was made after a period of intense dialogue with the local airport operations team. The old terminal will be demolished only after the construction of Phase 3. The terminal is organised on three levels, with baggage handling and delivery on Level 0 in direct contact with the road. The arrival mezzanine concourse is on Level 1 and the departures areas are on Level 2 and have direct road access. On the airside, the aircraft contact stands are arranged in linear fashion along the different wings while on the landside the large, double-height public spaces are laid out along the glazed facade and open directly onto the landscaped parkland. In the darker middle zone, in between the airside and the landside activities are the baggage, technical and border control areas.

Le nouveau terminal a été imaginé pour être construit par phases en englobant le terminal existant. L'intense dialogue avec les exploitants a permis de trouver une solution pour assurer la continuité de l'activité. Le terminal existant continuera à être exploité parallèlement au nouveau terminal durant les étapes 1 et 2. Il ne sera démoli qu'à l'issue de la 3ème étape. Le terminal est construit sur trois niveaux, la salle de livraison des bagages se trouve au rez-de-chaussée, avec un accès direct à la route. Les couloirs d'arrivée occupent un premier niveau, et les salles de départ occupent un second niveau et disposent également d'un accès direct à la route. Les zones de stationnement avions, côté piste, sont alignées sur les différentes ailes du bâtiment, alors que les espaces publics sont disposés le long d'une façade vitrée de deux étages donnant directement sur les espaces paysagés. L'espace intermédiaire, entre le côté piste et les activités côté ville, est réservé aux contrôles (douaniers et des bagages) et aux locaux techniques.

EL DORADO INTERNATIONAL
PASSENGER TERMINAL, BOGOTA
Departures level floor plan

- BHS
- INTERNATIONAL DEPARTURES
- DOMESTIC DEPARTURES
- INTERNATIONAL ARRIVALS
- DOMESTIC ARRIVALS
- PUBLIC COMMERCIAL AREAS
- OFFICE AREA
- TECHNICAL ROOMS
- GREEN SPACES

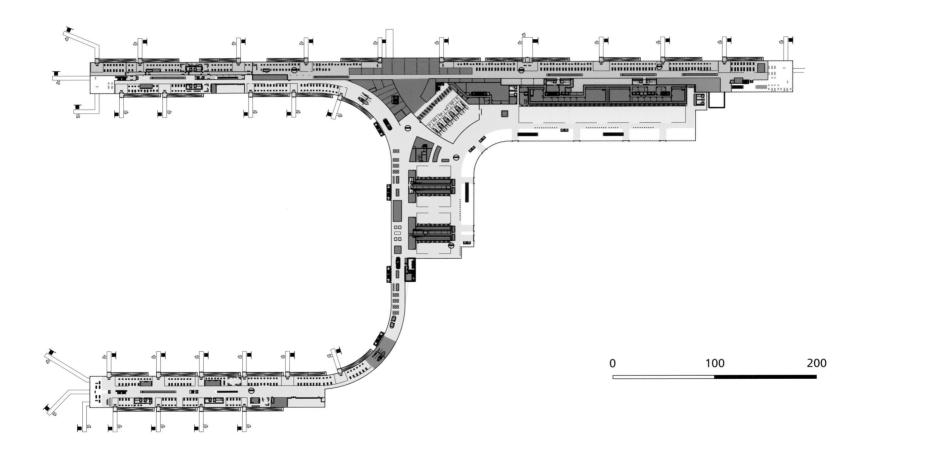

0   100   200

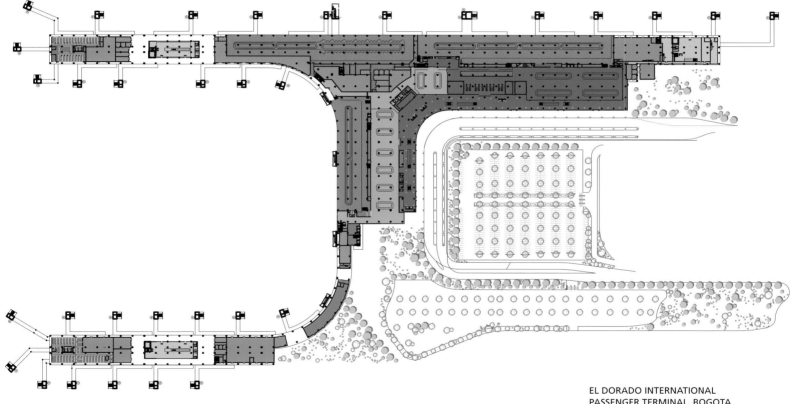

EL DORADO INTERNATIONAL
PASSENGER TERMINAL, BOGOTA
Arrivals level floor plan

■ BHS   ■ PUBLIC COMMERCIAL AREAS
□ INTERNATIONAL DEPARTURES   ■ OFFICE AREA
□ DOMESTIC DEPARTURES   ■ TECHNICAL ROOMS
■ INTERNATIONAL ARRIVALS   ■ GREEN SPACES
■ DOMESTIC ARRIVALS

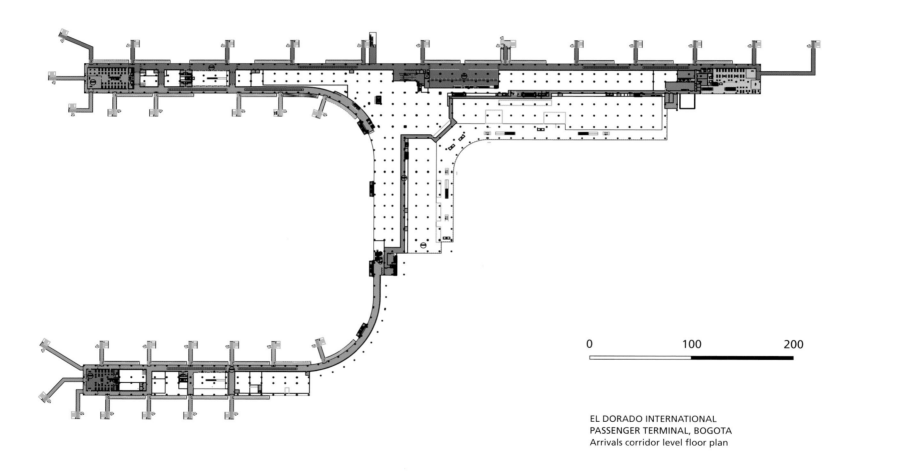

0   100   200

EL DORADO INTERNATIONAL
PASSENGER TERMINAL, BOGOTA
Arrivals corridor level floor plan

____The undulating forms of the passenger terminal roof were inspired by the windswept movement of the Libyan dunes

International Passenger Terminal, Tripoli, Libya

The master plan is composed of two symmetrical passenger terminals. Each terminal is designed to cater for ten million passengers per annum and covers a floor area of about 175,000m². The Y-shaped terminal plan creates on its outer boundaries generous aircraft parking facilities along the different piers, while in the centre it creates a compact zone for the landside activities that overlook the landscaped park that encloses the road infrastructure, car parks and other landside facilities.

The undulating forms of the passenger terminal roof were inspired by the windswept movement of the Libyan dunes. The terminal is organised on three levels with departures on Level 2, arrival galleries on Level 1 and baggage handling and claim on Level 0. All levels are directly connected to the road network.

The intention was to create an airport master plan and terminal that are grouped around landscaped gardens at different scales. The main landside activities are arranged around an urban park. The (internal) public social areas open onto double-height, planted patios giving an airy, bright and colourful atmosphere to the different zones.

Terminal passagers de l'aéroport international de Tripoli, Libye

Le plan d'aménagement comporte deux terminaux passagers agencés symétriquement, et prévus pour accueillir chacun 10 Mpax sur une superficie d'environ 175 000 m². La forme en Y du terminal offre aux avions des capacités de stationnement généreuses sur son pourtour, le long des différentes jetées, alors qu'en son centre, une zone compacte est affectée aux activités du côté ville, et domine un parc paysager renfermant les infrastructures routières, un parking pour voitures et d'autres installations urbaines.

Les formes ondulées de la toiture du terminal passagers s'inspirent des dunes libyennes façonnées par le vent. Le terminal est construit sur trois niveaux, avec les départs situés au 2ème étage, les galeries d'arrivée au 1er et le traitement des bagages au départ et le retrait des bagages à l'arrivée au rez-de-chaussée. Les 3 niveaux sont directement desservis par le réseau routier.

Les concepteurs ont voulu créer un plan d'aménagement et un terminal d'aéroport regroupés autour de jardins paysagers d'échelles différentes, les principales activités côté ville étant disposées autour d'un parc urbain ; les principaux espaces sociaux et publics ouvrent sur des patios arborés en double hauteur qui confèrent une ambiance aérée, légère et colorée aux différentes zones.

CLOCKWISE FROM LEFT
INTERNATIONAL PASSENGER
TERMINAL, TRIPOLI, LIBYA
3-D aerial view; 3-D external
perspective; Sand dunes in the
Libyan desert

INTERNATIONAL PASSENGER
TERMINAL, TRIPOLI, LIBYA
Airport master plan

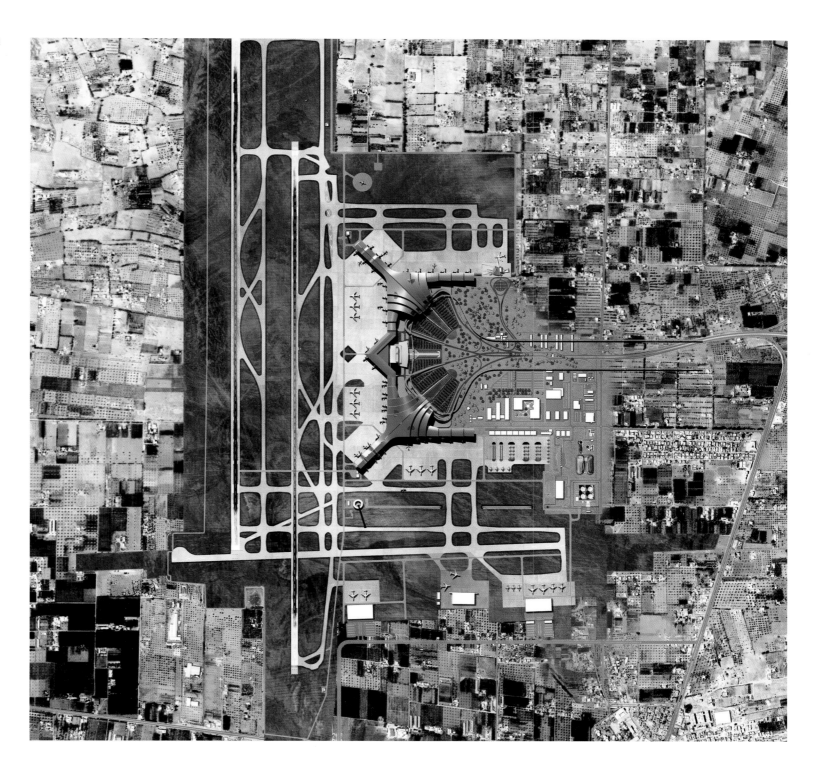

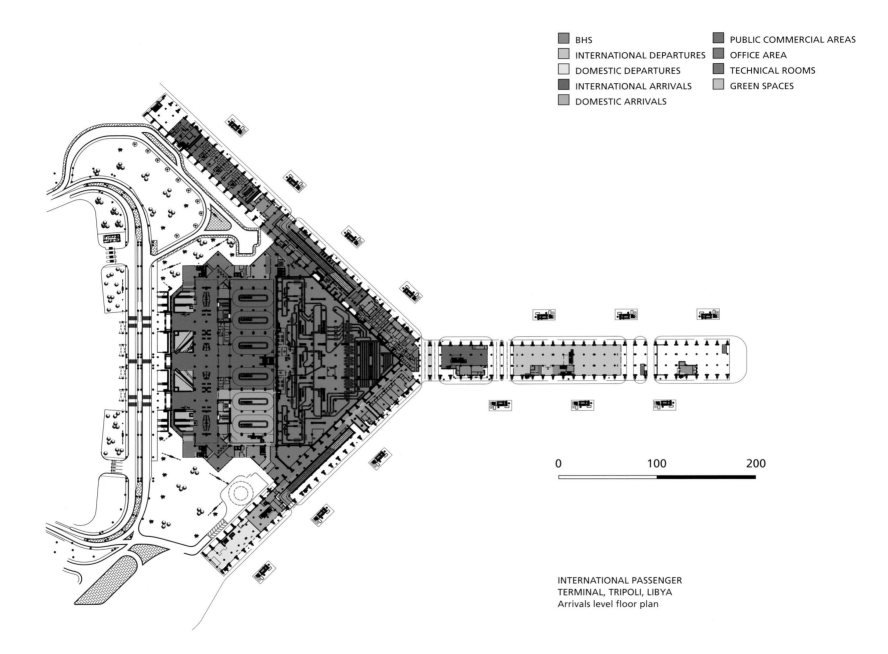

BHS
INTERNATIONAL DEPARTURES
DOMESTIC DEPARTURES
INTERNATIONAL ARRIVALS
DOMESTIC ARRIVALS

PUBLIC COMMERCIAL AREAS
OFFICE AREA
TECHNICAL ROOMS
GREEN SPACES

0   100   200

INTERNATIONAL PASSENGER
TERMINAL, TRIPOLI, LIBYA
Arrivals level floor plan

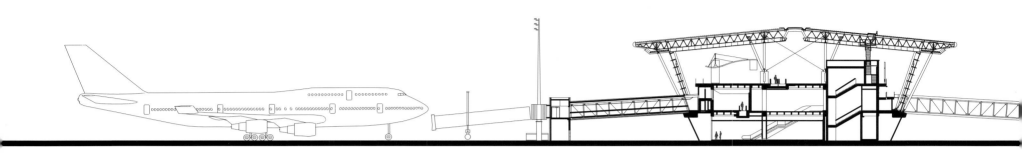

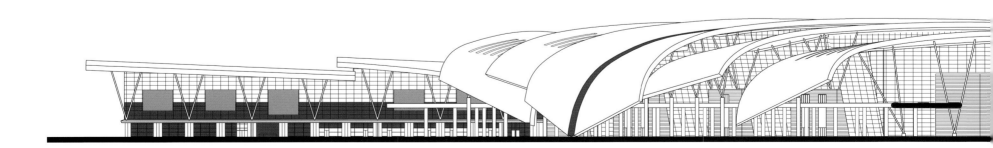

TOP TO BOTTON

INTERNATIONAL PASSENGER
TERMINAL, TRIPOLI, LIBYA
Cross-section; North elevation;
South elevation

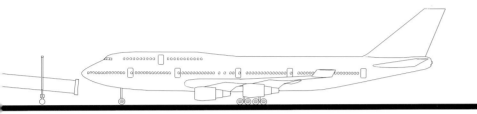

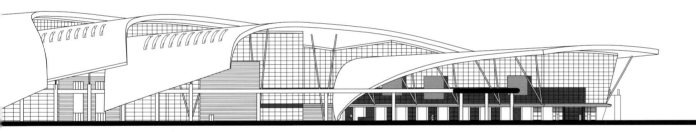

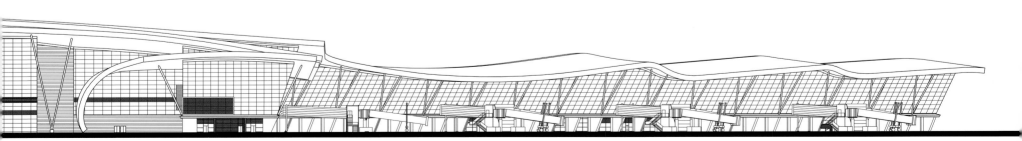

INTERNATIONAL AIRPORT
PASSENGER TERMINAL, MAURITIUS
Palm tree imagery; 3-D aerial view

International Airport Passenger Terminal, Mauritius

Mauritius, off the African coast, is an important tourist destination and well-known for its warm climate, luxuriant vegetation and breathtaking sea views. The form of the terminal was inspired by the palm tree fan form. Daylight penetrates deep into the terminal in a way similar to the branching out of palm leaves.

The new terminal was designed to meet the growing tourist trade where there are particularly large numbers of tour operators managing several groups of tourists at peak hours. There are eight separate drop off gates with covered walkways where groups can gather comfortably without causing congestion problems for individuals accessing or leaving the terminal. Inside the terminal there is a separate tour operator arrivals hall at mezzanine level that leads directly to the baggage hall.

The terminal is an example of a small regional airport, designed to cater for four million passengers per annum and covers a floor area of about 60,000m². The terminal is compactly planned in a semi-circular fashion, with a landscaped ring road and car park infrastructure on the landside on the inner circumference, while the aircraft are parked on the larger circumference on airside. The terminal is principally organised on two levels; the departures are on Level 1 and the arrivals baggage hall on Level 0. At its highest point in the centre, the terminal comprises three floors including the tour operator. arrivals concourse on the mezzanine.

Terminal passagers de l'aéroport international de l'île Maurice

L'île Maurice, au large de la côte africaine, est une destination touristique très prisée, réputée pour son climat agréable, sa végétation luxuriante et ses rivages spectaculaires. La forme du terminal s'inspire de « l'arbre du voyageur »; la lumière du jour pénètre profondément à l'intérieur du terminal, à l'image du soleil traversant la ramification des feuilles du palmier.

Ce nouveau terminal a été conçu pour répondre aux perspectives de croissance du tourisme et tout particulièrement au grand nombre de tour-opérateurs qui doivent s'occuper d'innombrables groupes de touristes aux heures de pointe. Huit portes de desserte séparées et couvertes sont prévues pour que les groupes puissent se rassembler confortablement, sans gêner la circulation des personnes qui arrivent ou partent du terminal. À l'intérieur, un hall distinct est prévu pour les arrivées des tour-opérateurs, au niveau de la mezzanine, avec un accès direct à la zone de retrait des bagages.

La capacité du terminal est de 4 Mpax, pour une superficie d'environ 60 000 m², ce qui constitue un exemple d'aéroport de taille modeste comparé aux grands terminaux internationaux. L'aménagement circulaire du terminal est compact, avec un accès routier en arc de cercle et un parking paysager côté ville, le long de la circonférence intérieure, alors que les avions viennent stationner sur le pourtour externe, côté pistes. Le terminal s'articule principalement sur 2 niveaux; les départs se situant à l'étage et les arrivées, ainsi que la zone de retrait des bagages, se trouvant au rez-de-chaussée. Le point le plus haut situé au centre du terminal comprend un troisième étage et abrite le hall des arrivées pour les tour-opérateurs, sur la mezzanine.

_____ Daylight penetrates deep into
the terminal in a way similar to the
branching out of palm leaves

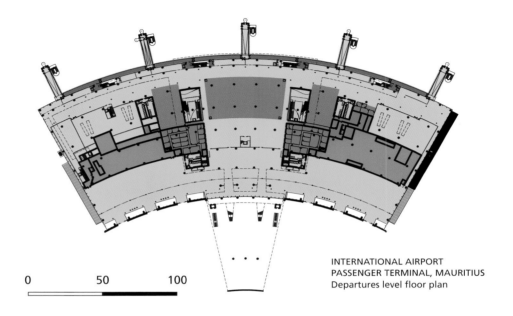

0   50   100

INTERNATIONAL AIRPORT
PASSENGER TERMINAL, MAURITIUS
Departures level floor plan

INTERNATIONAL AIRPORT
PASSENGER TERMINAL, MAURITIUS
Cross-section

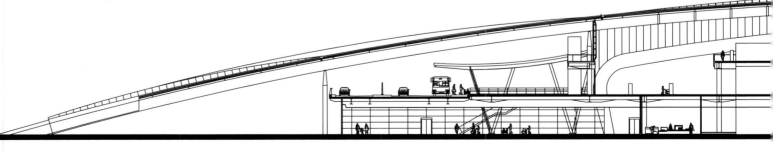

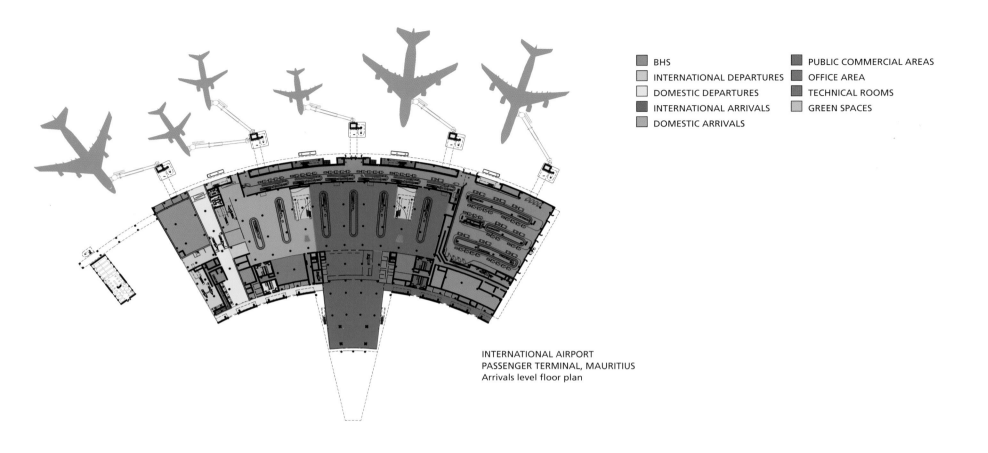

- ■ BHS
- ■ INTERNATIONAL DEPARTURES
- □ DOMESTIC DEPARTURES
- ■ INTERNATIONAL ARRIVALS
- ■ DOMESTIC ARRIVALS
- ■ PUBLIC COMMERCIAL AREAS
- ■ OFFICE AREA
- ■ TECHNICAL ROOMS
- ■ GREEN SPACES

INTERNATIONAL AIRPORT
PASSENGER TERMINAL, MAURITIUS
Arrivals level floor plan

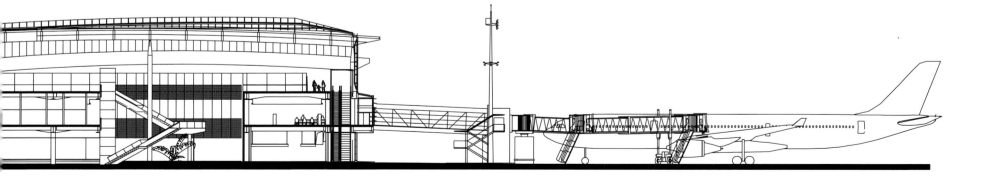

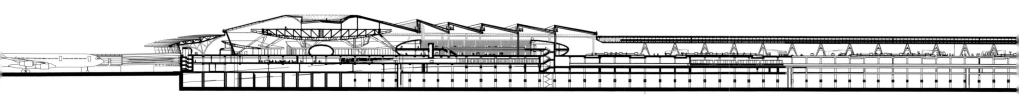

KING ABDULAZIZ INTERNATIONAL
PASSENGER TERMINAL,
JEDDAH, SAUDI ARABIA
Longitudinal section

King Abdulaziz International Passenger Terminal, Jeddah, Saudi Arabia

The new passenger airport terminal complex in Jeddah is a major new infrastructure project and includes an international hub, a transportation centre and a hotel. It is part of the first phase of the Jeddah Airport expansion programme. The terminal complex (Phase 1) is designed to cater for 30 million passengers and covers a floor area of about 650,000m² regrouping each of the different functions under the same roof to minimise walking distances. The transportation or inter-change centre includes a high speed rail station, a light rail station (automatic people mover—APM) a short term car park, a bus station and a road kerbside access at each level. The inter-change centre is strategically situated at the intersection of the airport city and the airport terminal complex. The light rail line runs right into the heart of the new terminal and through the central mall of the new airport city.

Terminal passagers de l'aéroport international King Abdulaziz (KAIA) de Djeddah, Arabie Saoudite

Le nouveau terminal passagers du complexe aéroportuaire de Djeddah est un projet de nouvelle infrastructure majeure qui comprend un hub international, un pôle de transport et un hôtel, et s'insère dans la première phase du programme d'expansion de l'aéroport de Djeddah. Le terminal (phase 1) pouvant accueillir 30 Mpax et d'une superficie de près de 650 000m², regroupe chacune des différentes fonctions sous un même toit, minimisant ainsi les distances à parcourir à pied. Le centre dédié au transport, ou pôle intermodal, abrite une gare pour trains à grande vitesse, une station de métro léger interne automatique (people mover), un parking courte durée, une gare routière et un viaduc d'accès à chaque niveau. Le pôle intermodal est idéalement situé à l'intersection de la cité aéroportuaire et du complexe de terminaux; la ligne de transport urbain pénètre jusqu'au cœur du nouveau terminal et longe la galerie marchande centrale de la nouvelle cité aéroportuaire.

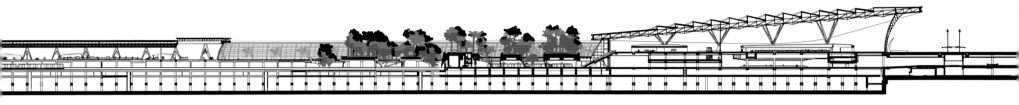

The design embraces three precepts: functional, environmental and formal. The functional organisation hinges on the intermodal connections, easy accessibility and maximum aircraft parking flexibility. The 'X' form plan was chosen since it provides, on the airside, the possibility to park a large number of aircraft at close contact stands in a clustered fashion and opens up on the landside a long frontage or facade directly onto the landscaped car park, road infrastructure and airport city.

Le concept initial englobe trois principes : fonctionnel, environnemental et esthétique. L'organisation fonctionnelle s'appuie sur les connexions intermodales, la facilité d'accès et une capacité maximale de stationnement pour les avions. Le plan en « X » a été retenu car il offre, côté pistes, la possibilité de placer un grand nombre d'avions efficacement agencés par rapport au bâtiment et propose, côté ville, une longue façade donnant directement sur le parking paysager, l'infrastructure routière et la cité aéroportuaire.

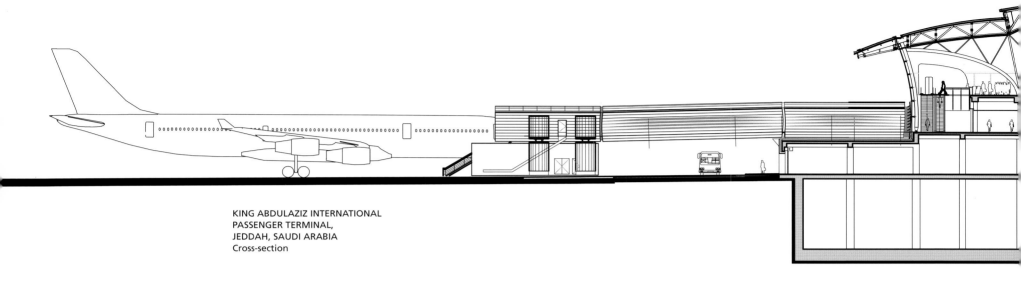

KING ABDULAZIZ INTERNATIONAL
PASSENGER TERMINAL,
JEDDAH, SAUDI ARABIA
Cross-section

_____ *The formal expression reflects not only the functional organisation but incorporates many symbolic and environmental elements too*

The formal expression reflects not only the functional organisation but incorporates many symbolic and environmental elements too. The landscaped gardens are patterned following a repetitive crescent formation. The crescent or lunar motif and the star imagery, emblematic of the Islamic culture, are to be found throughout the terminal and are particularly visible in the international hub where a large inverted spherical ceiling evokes a lunar landscape.

L'expression formelle ne reflète pas seulement l'organisation fonctionnelle, mais elle intègre bon nombre d'éléments symboliques et environnementaux à la fois. Les jardins paysagers sont disposés en forme de croissants de lune multiples; le croissant ou motif lunaire et l'étoile, symboles de la culture musulmane, se retrouvent à maints endroits du terminal et sont particulièrement visibles dans le hub de transport où un vaste plafond sphérique inversé évoque un paysage lunaire.

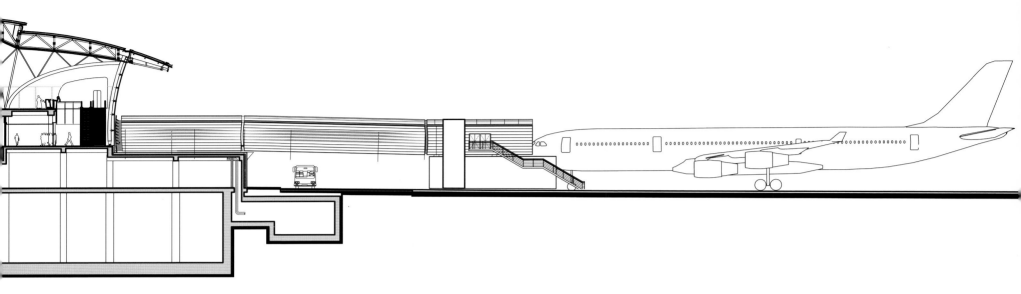

The steel roof structure, spanning the different halls and piers, create a dynamic and spacious atmosphere offset against the internal gardens within the terminal. Water is recycled and used to maintain the planted areas. It is also an important element in the landscape with various pools and fountains. The curved copper roof reflects the subtle tones of the desert, the large roof overhangs provide shade from the sun and sand to the glazed areas and internal courtyards.

La structure métallique de la toiture qui couvre les différents halls et jetées, crée une atmosphère dynamique et spacieuse le long des jardins intérieurs traversant le terminal. L'eau est recyclée pour l'irrigation des espaces verts et constitue également un élément essentiel du décor en alimentant bassins et fontaines. Le revêtement cuivré et arrondi de la toiture se marie aux tons subtils du désert, les vastes auvents protègent les surfaces vitrées et les cours intérieures du soleil et du sable.

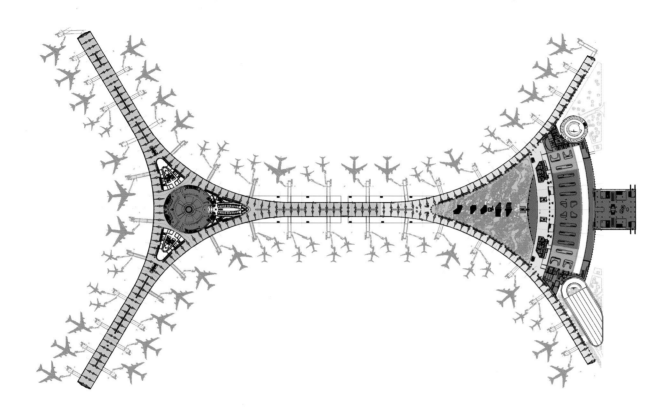

KING ABDULAZIZ INTERNATIONAL
PASSENGER TERMINAL,
JEDDAH, SAUDI ARABIA
Domestic departures level

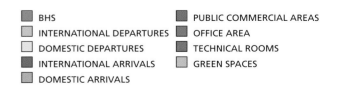

BHS

INTERNATIONAL DEPARTURES

DOMESTIC DEPARTURES

INTERNATIONAL ARRIVALS

DOMESTIC ARRIVALS

PUBLIC COMMERCIAL AREAS

OFFICE AREA

TECHNICAL ROOMS

GREEN SPACES

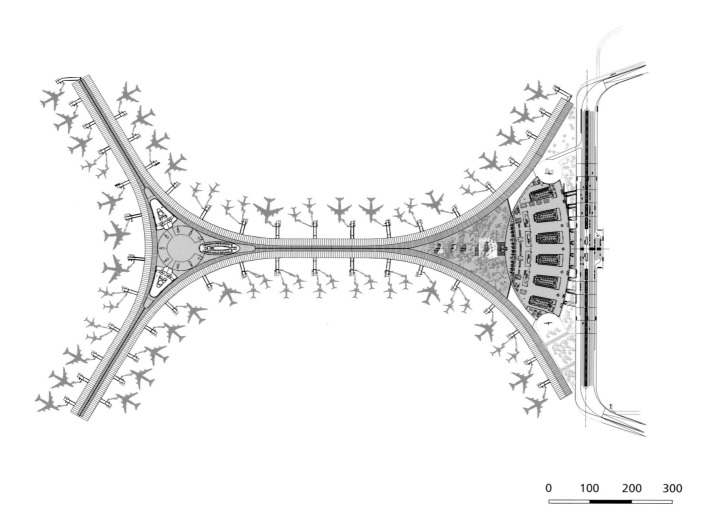

0   100   200   300

KING ABDULAZIZ INTERNATIONAL
PASSENGER TERMINAL,
JEDDAH, SAUDI ARABIA
International departures level

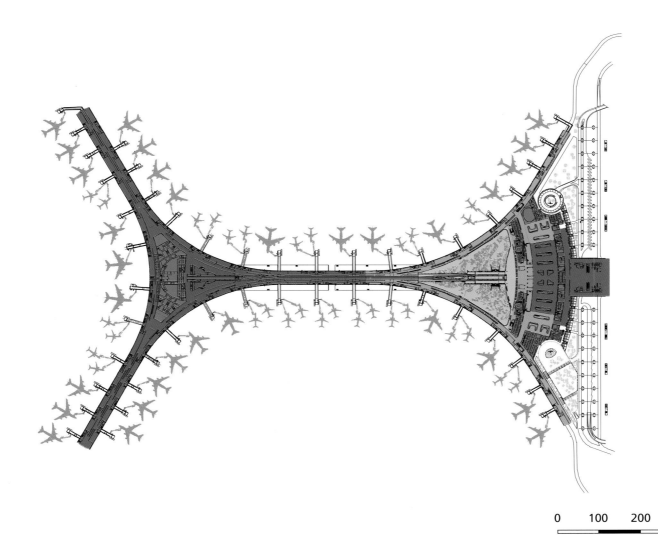

KING ABDULAZIZ INTERNATIONAL
PASSENGER TERMINAL,
JEDDAH, SAUDI ARABIA
International arrivals level

▮ BHS	▮ PUBLIC COMMERCIAL AREAS
▯ INTERNATIONAL DEPARTURES	▮ OFFICE AREA
▯ DOMESTIC DEPARTURES	▮ TECHNICAL ROOMS
▮ INTERNATIONAL ARRIVALS	▯ GREEN SPACES
▮ DOMESTIC ARRIVALS	

KING ABDULAZIZ INTERNATIONAL
PASSENGER TERMINAL,
JEDDAH, SAUDI ARABIA
3-D internal image showing the
central pier boarding lounge; 3-D
internal image showing the
boarding lounge

_____ *The landside activities are designed as public social spaces and the airside areas put passenger comfort and safety at the heart of all design decisions*

International Passenger Terminal, Dubai, United Arab Emirates

In 1999, ADPI won the competition with a distinctly innovative scheme for the design of Terminal 3 for Dubai Airport. The site of the airport is very close to the city. The area available for the new terminal was insufficient to develop a terminal for the required passenger numbers so ADPI proposed to build an underground terminal for all the processing facilities (passenger lounges, shops and service areas, baggage handling, border and security control) and above ground to mark the kerbside entrance (on landside) using a large semi-circular canopy. This solution freed up a lot of space for the realignment of the road and rail access to the airport and for the landscaped car park.

The new terminal, mainly devoted to Emirates Airline, provides competitive hub services. The functional design was built around an optimisation of passenger flows and incorporates a sophisticated baggage handling system. Terminal 3 caters for 40 million passengers per annum and covers a floor area of 340,000m². On airside, the terminal is completed by two linear piers for boarding and disembarkation and incorporates contact stands for all aircraft parking. On the landside, access to the terminal is provided by a railway station and a road network delimiting the perimeter of the car park.

Terminal passagers de l'aéroport international de Dubaï

C'est en 1999 que les équipes d'Aéroports de Paris ont remporté le contrat, grâce à un design particulièrement innovant pour le terminal 3 de l'aéroport de Dubaï. L'aéroport étant très proche de la ville, la surface disponible pour le nouveau terminal était notoirement insuffisante pour la construction d'un terminal au fonctionnement efficace, capable d'accueillir dans de bonnes conditions le nombre prévu de passagers. La conception proposée comprenait la création d'un terminal souterrain destiné à l'ensemble des installations de traitement des passagers (enregistrement, salons passagers, espaces commerciaux et de service, manutention des bagages, contrôles d'identité et douaniers), accessible par une route (côté ville) plongeant sous une vaste marquise en arc de cercle. Cette solution a permis de libérer assez d'espace pour réaligner les accès routier et ferroviaire jusqu'à l'aéroport et pour le parking paysager.

Le nouveau terminal, principalement dédié à la compagnie Emirates, constitue une plateforme compétitive pour le Hub de la compagnie. Le concept fonctionnel repose sur une optimisation des flux de passagers et intègre un système élaboré de traitement des bagages. La capacité du terminal est de 40 Mpax pour une superficie de 340 000 m². Du côté pistes, deux jetées linéaires viennent compléter le terminal, pour l'embarquement et le débarquement; des postes au contact sont prévus pour le stationnement de tous les avions. Du côté ville, on accède au terminal par une gare ferroviaire et un réseau routier qui délimite le périmètre du parking pour voitures.

INTERNATIONAL PASSENGER
TERMINAL, DUBAI, UNITED
ARAB EMIRATES
Night view of the canopy
kerbside entrance; Longitudinal
section showing the
underground passenger
terminal

ADPI terminal philosophy is primarily a desire
to design and build airport terminals where the
landside activities are designed as public social
spaces that dialogue with the urban and natural
landscape and where the airside areas though
articulated in direct relation to the activities on
the apron, put passenger comfort and safety at
the heart of all design decisions.

La volonté première d'ADPI est de concevoir et
construire des aérogares dans lesquels les activités
côté ville sont appréhendées en tant qu'espaces
publics qui dialoguent étroitement avec le contexte
urbain et naturel environnant, et où le côté pistes,
bien qu'en prise directe avec les activités
aéronautiques, est conçu en plaçant le confort
des passagers, la sécurité et l'efficacité des
déplacements au cœur de toutes les décisions.

05

CONNECTING COMMUNITIES

CONNECTER DES COMMUNAUTÉS

05.1

____ Airport cities bridge the gap between the city and the airport and include hotels, cultural centres, shopping malls, train stations and conference halls

05.1 CONNECTING COMMUNITIES
CITIES AND AIRPORTS: DESIGNING
SOCIAL SPACES

05.1 CONNECTER DES COMMUNAUTÉS
VILLES ET AÉROPORTS : AMÉNAGER DES
ESPACES DE VIE

Peripheral services multiply on the outskirts of airport sites as financial opportunities arise with expanding transportation programmes. Airport cities bridge the gap between the city and the airport and include hotels, cultural centres, shopping malls, train stations and conference halls. Naturally ADPI broadened its own spectrum of services to embrace airport city planning, once again within a constrained environment and where mobility and flow management (including information, goods, people and service networks) are key structuring factors. Airport city planning gave the ADPI designers an opportunity to branch out into the urban design field, after which followed a number of direct commissions to design major public buildings, on a comparable scale to airports, in a number of large cities. City expansion and large transportation infrastructure development today, beg the question of space preservation for the future. Indeed, with population growth trends, space is becoming a rare commodity. ADPI considers flexible long term-planning to be the key element on which we can build a sustainable environment.

En raison des revenus supplémentaires qu'ils génèrent pour le financement de l'activité de transport, les services aux abords des plateformes aéroportuaires se multiplient. Les cités aéroportuaires rapprochent ville et aéroport et se composent d'hôtels, de centres culturels et commerciaux, de gares ferroviaires ou de centre de conférences. C'est naturellement qu'ADPI a étendu son spectre d'activités à l'aménagement de ces espaces qui s'insèrent dans des environnements souvent contraints, et qui sont le théâtre de multiples échanges où transitent divers flux d'activités, de biens, d'information et de personnes. Les études d'aménagement de ces zones d'activités ont permis à ADPI de renforcer ses compétences en planification urbaine, aujourd'hui utilisées pour développer les villes, au sein desquelles les architectes et ingénieurs conçoivent désormais des bâtiments de prestige et d'envergure équivalents à ceux des aéroports. Les villes et les grandes infrastructures de transport posent aujourd'hui une question essentielle pour l'avenir, celle de l'aménagement en vue de la préservation de l'espace. En effet, l'accroissement de la population mondiale risque de transformer l'espace en une ressource rare pour les générations futures et la planification à long terme de nos espaces de vie est donc menée par ADPI dans un souci de durabilité et en autorisant une part de flexibilité.

OPERA HOUSE, BEIJING
Public foyer with a glazed front
which opens up like a curtain
Architect: Paul Andreu

05.2

_____ An airport city is above all an urban development strategy led by the airport operator and regional governing bodies. It involves a collaborative policy to establish an urban and commercial plan for the fringe zones at the perimeter of the airport

05.2 AIRPORT CITIES AND URBANISM
DESIGNING FOR CONVERGING ACTIVITIES

05.2 VILLES AÉROPORTUAIRES ET URBANISME
L'AMÉNAGEMENT DE PÔLES D'ACTIVITÉS CONVERGENTS

Airport master planning embraces a larger area and a more diverse number of activities than before with the growth of airport city developments. An airport city is above all an urban development strategy led by the airport operator and regional governing bodies. It involves a collaborative policy to establish an urban and commercial plan for the fringe zones at the perimeter of the airport and on the edge of existing suburban conurbations. In terms of territorial definition, the airport city is more or less a dense cluster of operational, airport-related activities plus other commercial and business activities on and around the airport. The area is referred to as a city as it is as vibrant as many major cities, comparatively dense and offers a diverse range of activities. For example in Coeur d'Orly next to Orly Airport, there are a variety of activities including shopping malls, hotels, conference centres, offices, cinemas, parks and a interconnecting road, rail and pedestrian network. The collaborative policy-making and the joint business ventures launched by the airport operators and the regional governing bodies have in recent years greatly improved local opportunities. When an airport city is built, it is an integral part of the region and if the accessibility to the airport

Conséquence du développement des villes aéroportuaires, l'élaboration du schéma directeur d'un aéroport couvre aujourd'hui un nombre croissant d'activités des plus diverses. Une ville aéroportuaire est avant tout le resultat d'une stratégie de développement urbain de la part d'un opérateur aéroportuaire et des collectivités locales. Elle impose une coopération forte afin de planifier l'aménagement urbain et commercial des zones périphériques à l'aéroport et des abords des conurbations voisines existantes. En termes d'emprise territoriale, la ville aéroportuaire regroupe un ensemble dense d'activités liées à l'exploitation aéroportuaire, auxquelles se greffent d'autres activités économiques et commerciales, sur le territoire aéroportuaire ou dans son voisinage immédiat. La zone est qualifiée de ville en raison de son activité aussi intense que celle d'une métropole, de sa forte densité et de la pluralité des activités couvertes. L'opération « Coeur d'Orly », projet d'implantation d'un quartier d'affaire sur l'aéroport de Paris-Orly, est un exemple de cette diversité d'activités : centres commerciaux, hôtels, centres de conférences, bureaux, cinémas, parcs et inter-connexions entre les réseaux routiers, ferroviaires et piétons. Les mécanismes conjoints de prise de

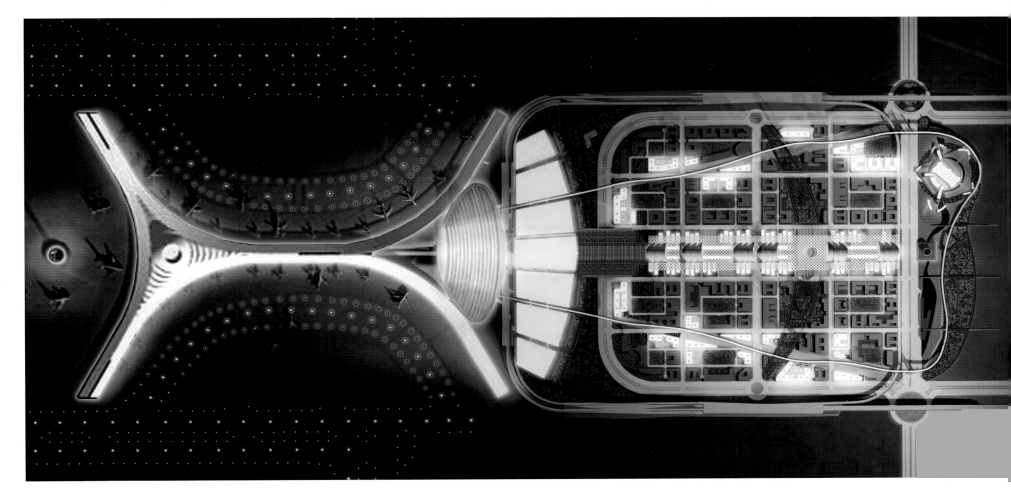

KING ABDULAZIZ INTERNATIONAL
AIRPORT, JEDDAH
Master plan showing the New
Terminal and Airport City

is improved, accessibility throughout the region
is improved along with it. An interchange node
requires a different logic than point-to-point
access to the terminals, and it thus presents
new opportunities and a network for many
other destinations.

décision et les partenariats établis notamment entre
les opérateurs de l'aéroport et les collectivités
locales aux cours des dernières années ont
largement contribué à renforcer le potentiel de la
zone. En effet, dès lors qu'elle est édifiée la ville
aéroportuaire induit des améliorations dans les
infrastructures péri-aéroportuaires d'accès et de
services qui bénéficient à toute une région. Une
station intermodale, à l'inverse d'une infrastructure
point-à-point dédiée qui relierait simplement le
terminal à la ville, crée de nouvelles opportunités en
offrant plus de destinations au sein d'un réseau
plus vaste.

Green City urban
design, Libya

Airport city projects are a relatively recent
phenomenon but are more and more considered
part of the airport master planning. Jeddah Airport
City straddles the old city and the airport and
includes a mosque, a housing estate, a tertiary area
including a shopping mall, offices, hotel, conference
centre, cinema, gardens, parks, tree-lined avenues
and pedestrian streets, and covers about 1,200
hectares. The airport city was designed following
a grid system, similar in scale and form to the plot
sizes and shapes to be found in the old city, and is
designed around a road and pedestrian network.
The building forms are laid out around internal
courtyards similar to traditional layouts providing

Les projets de « villes aéroportuaires » sont
relativement récents mais deviennent de plus
en plus indissociables des projets d'extension et
d'aménagement aéroportuaire. Couvrant environ
1.200 hectares, la cité aéroportuaire de Djeddah
regroupe l'aéroport et la vieille ville mais inclut
aussi une mosquée, une zone résidentielle,
une zone tertiaire avec un centre commercial,
des bureaux, un hôtel, un centre de conférence,
un cinéma, des jardins, des parcs, des avenues
et des rues piétonnes bordées d'arbres. La cité
aéroportuaire a été conçue selon une trame
similaire au plan de la vieille ville dans ses
dimensions et sa configuration, et s'appuie

shade from the sun and protection from the winds and sand. The urban plan includes several landscaped water and garden areas and different social public spaces.

ADPI has not only approached airport city master planning using the logic of infrastructure planning but has consciously developed a new urban framework for airport city planning in order to meet the requirements for a more dynamic, collaborative and diverse approach to create new urban centres in which the terminal is part of a busy and diverse commercial and social centre. This is more akin to a train station in the heart of the city rather than an air terminal on the edge of an infrastructure network. Pedestrian malls, parks and plazas are an integral part of the airport city environment and public social spaces promoting culture sport and commercial activities are an ever growing market. The fine line between the city and the airport is less and less defined. ADPI following on from their airport city experience with projects such as Coeur d'Orly, the Jeddah Airport City and the Green City urban design near Tripoli in Libya went on to compete in the urban design proposal for the Central Business District in Beijing.

sur un réseau routier et piétonnier adapté aux flux de l'aéroport. Les bâtiments sont organisés autour de cours intérieures reprenant les agencements traditionnels, lesquels offrent de l'ombre et protègent contre les vents et le sable. Le plan urbain prévoit plusieurs plans d'eau et jardins paysagers, ainsi que divers espaces publics.

Pour définir le schéma directeur d'une ville aéroportuaire, ADPI s'appuie non seulement sur une logique de planification d'infrastructure, mais également sur le développement délibéré d'une nouvelle logique urbaine pour la planification aéroportuaire. Il s'agit ainsi de répondre aux attentes d'une vision plus dynamique, partenariale et diversifiée de la planification aéroportuaire, pour créer de nouveaux centres urbains où les terminaux s'intègrent à l'activité commerciale et sociale, à la manière d'une gare au cœur de la ville, et non plus comme un terminal aérien isolé en périphérie d'un réseau d'infrastructures. Les galeries marchandes, les parcs et les centres commerciaux font partie intégrante de l'environnement de la ville aéroportuaire, tout comme les espaces publics dédiés à la culture, au sport et aux activités commerciales, qui constituent un marché en croissance permanente. La limite entre la ville et l'aéroport est de moins en moins identifiable. Riche des enseignements tirés de projets tels que Coeur d'Orly, la ville aéroportuaire de Djeddah ou encore les études urbaines pour la Ville Verte a côté de Tripoli en Libye, ADPI a été invité à concourir pour la conception du nouveau quartier d'affaires de Pékin.

____When an airport city is built, it is an integral part of the region and if the accessibility to the airport is improved, accessibility throughout the region is improved along with it

CENTRAL BUSINESS
DISTRICT, BEIJING
Perspective view

Central Business District, Beijing, China

The government plan is to double in size the Beijing Central Business District to complete a three square kilometer expansion, from the East Third Ring Road near Guomao to the Fourth Ring Road near Sihui Bridge within the next six to eight years, and to attract more major multinational corporations in an effort to create as many as 100,000 new jobs. Although the cost for the project is unknown, the Chaoyang district government, which is overseeing the expansion, is keen to turn the urban proposals into real live projects promoting a new successful commercial district.

ADPI was one of seven international teams invited to propose an urban design for the CBD district. The ADPI proposal is structured following four themes; verticality, density, accessibility and diversity. In the centre the towers are high, reaching some 300 metres. The urban fabric is dense and fashioned to provide a diverse range of activities; offices, retail, housing, fashion centre (including hotels, annual high fashion exhibitions, luxury boutiques), cultural centre (theatre, museum and exhibition hall), university campus with sports centre, botanical gardens and a number of new flexible public social spaces. The urban development plan includes an extensive public transport infrastructure overlapping tram, metro, bus, bicycle and cable cars providing easy access to the area and interconnecting it with the surrounding neighbourhoods.

Le Quartier d'Affaires Central de Pékin

L'objectif de la Municipalité de Pékin est de multiplier par deux la taille du Quartier d'Affaires Central de Pékin, par une extension vaste de 3 km², depuis la zone périphérique à proximité de Guomao jusqu'à celle proche du pont Sihui. Ce programme doit s'étaler sur les six à huit années à venir. L'objectif est d'amener de nombreuses multi-nationales à y installer leurs bureaux et créer ainsi jusqu'à 100 000 emplois nouveaux. Bien que le coût total du projet ne soit pas encore connu, le gouvernement du district de Chaoyang, qui supervise cette extension, est impatient de transformer les propositions en projets concrets facilitant l'établissement de sièges d'entreprises de renommée internationale.

ADPI est l'une des sept équipes internationales invitées à proposer un concept urbain pour ce projet. La proposition d'ADPI s'articule autour de quatre thèmes : la verticalité, la densité, l'accessibilité et la diversité. Il est composé au centre de quatre tours de 300 mètres et d'un tissu urbain dense, organisé pour proposer une large gamme d'activités : bureaux, magasins, logements, centre dédié à la mode (hôtels, installations dédiées aux défilés de mode, boutiques de luxe), centre culturel (théâtre, musée et salle d'exposition), campus universitaire, centre sportif, jardins botaniques et multiples espaces publics évolutifs. Le plan de développement urbain comprend également une infrastructure de transports publics complète qui intègre tramway, métro, bus, bicyclette et téléphérique urbain, pour offrir un accès facile et rapide à la zone et assurer l'interconnexion avec les quartiers voisins.

ABOVE AND OPPOSITE
CENTRAL BUSINESS
DISTRICT, BEIJING
Inter-change Station
in the heart of the new
business area; View showing
interconnecting pedestrian
and transport infrastructure

The new district is articulated to sustain an ongoing interaction with the existing business quarter while promoting new activities, perspectives and a new urban fabric. The competition involved a development programme for an area covering 35 hectares, broken down as follows: 50% offices, 25% housing and 25% retail, public buildings and public spaces.

The project was much appreciated and has spurred on ADPI to further develop its urban design practice in an effort to bring to city planning their master planning know how, infrastructure and architectural experience, and a definite desire to partake in making the cities of tomorrow. ADPI treasures the distinctiveness of design and seeks to put it to work in critical, responsible, and creative ways within the diverse conditions of contemporary metropolitan life and considers variable mobility and programme diversity to be the keys to developing a sustainable environment.

Ce nouveau quartier s'appuie sur une interaction permanente avec le quartier d'affaires existant, tout en facilitant le développement de nouvelles activités, de nouveaux projets et d'un tissu urbain innovant. Les 35 hectares aménagés dans le cadre du concours se composent de différentes zones : 50% de bureaux, 25 % de logements et 25 % de magasins, bâtiments publics et espaces publics.

Le bon accueil réservé à ce projet a confirmé la pertinence pour ADPI de continuer à développer ses compétences en matière d'urbanisme sur la base de son savoir-faire dans les domaines de l'aménagement spatial, de la réalisation d'infrastructure et de la conception architecturale afin d'être un acteur de la planification des villes de demain. Pour ADPI, chaque aménagement se doit d'être un résultat, chaque fois nouveau, de réflexions responsables et créatives, guidées par la diversité des conditions de vie dans les métropoles modernes, et placées sous le signe du développement durable au travers d'une politique de mobilité et d'une pluralité des installations développées.

EUROPA HOUSE, TOKYO
Street elevation showing the
copper loggia projections

05.3

____ Each of these projects is a major public social space that has symbolic status and is deeply connected to its cultural and political environment

05.3 FROM AIRPORTS TO CITY CENTRES
BRINGING EXPERIENCE TO THE CITY ENVIRONMENT

On the strength of the many and diverse airport references, ADPI broadened its horizons, branching out to design major public buildings in a number of large cities not least of which are the Opera House in Beijing with Paul Andreu, the French Embassy in Tokyo in conjunction with a Japanese consortium, the European Commission Headquarters in Japan, a Grand Theatre in Nanjing and a Conference Centre in Hangzhou.

Each of these projects is a major public social space that has symbolic status and is deeply connected to its cultural and political environment. ADPI designers considered it imperative to capture in the design an approach that embodied the spirit of the culture and embraced the social, political and historical context as well as fulfilling the brief. In each case, ADPI formed a partnership with a local design firm and, in this way, has nurtured many successful joint ventures, deepening their understanding of local conditions and facilitating the design and management of projects in different social and geographical climates. A closer look at each of these projects reveals how the collaborative and contextual approach has contributed to their spatial, formal and functional definition.

05.3 DE L'AÉROPORT AU CŒUR DES VILLES
UN SAVOIR-FAIRE TRANSPOSÉ EN MILIEU URBAIN

S'appuyant la puissance de sa diversification, ADPI s'est tourné vers de nouveaux horizons, en particulier vers la conception de bâtiments publics majeurs dans différentes métropoles. Pour ne citer que les projets les plus prestigieux, l'entreprise est intervenue sur le projet de l'Opéra de Pékin, en association avec l'Architecte Paul Andreu, sur l'Ambassade de France à Tokyo, en collaboration avec un consortium japonais, sur les locaux de la Commission Européenne au Japon, sur le Grand Théâtre de Nanjing et sur un centre de conférences à Hangzhou.

Chacun de ces projets est un bâtiment public majeur et symbolique, profondément ancré dans son environnement culturel et politique. Les concepteurs d'ADPI ont en effet jugé essentiel d'intégrer à la conception une approche qui couvre à la fois la culture et le contexte social, politique et historique du projet, tout en respectant les attentes du programme. Dans chaque cas, ADPI a établi un partenariat avec une agence locale (ce qui a donné naissance à de nombreuses et fructueuses collaborations), afin d'approfondir sa connaissance des conditions locales et de faciliter la conception et la gestion des projets dans des environnements sociaux et géographiques très divers. Une revue approfondie de chacun de ces projets révèle le rôle essentiel de cette approche collaborative et contextuelle dans la définition spatiale, formelle et fonctionnelle du projet.

FRENCH EMBASSY, TOKYO
Landscaped pedestrian
gallery; Aerial view showing
the densely planted park

_____ *The location and architecture
of the building manifest a strong
relationship with the site that is
characterised by the presence of a
densely planted park and important
changes in level*

French Embassy Tokyo, Japan

Following the successful relationship that was
formed between ADPI and Mitsui during the
Haneda Tokyo Airport extension project, the
Japanese group invited ADPI to join the Mintak
Consortium (Mitsui, Nomura, Takenaka and ADPI)
to make a bid for the new French Embassy in Japan.
This major competition was organised by the French
Ministry of Foreign Affairs. The consortium project
was chosen by the competition jury, which included
the renowned Japanese architect Tadao Ando, for
its architectural quality and economic performance.

Ambassade de France Tokyo, Japon

Capitalisant sur la relation fructueuse établie
entre ADPI et Mitsui pendant le projet d'extension
de l'aéroport Haneda de Tokyo, le groupe
japonais Mitsui a proposé à ADPI de rejoindre le
consortium Mintak (Mitsui, Nomura, Takenaka et
ADPI) afin de répondre à l'appel d'offres pour la
construction de la nouvelle ambassade de France
au Japon. Cette compétition majeure était
organisée par le Ministère Français des Affaires
Etrangères. Le jury, qui comprenait le célèbre
architecte japonais Tadao Ando, a retenu le projet
du consortium pour sa qualité architecturale et
ses caractéristiques économiques.

FRENCH EMBASSY, TOKYO
Emblematic front entrance
building

The location and architecture of the building manifest a strong relationship with the site that is characterised by the presence of a densely planted park and important changes in level. The new embassy is composed of an emblematic front entrance building that accommodates the public services and leads visitors into the landscaped pedestrian gallery. The majestic gate-like entrance, when lit up at night, takes on a theatrical appearance against the surrounding urban fabric and woods.

La localisation et l'architecture du bâtiment reflètent une relation étroite avec le site, caractérisé par la densité de sa végétation et sa forte déclivité. L'accès à la nouvelle ambassade est assuré par un bâtiment d'accueil très caractéristique, qui héberge les services au public et qui conduit le visiteur vers une galerie piétonne paysagère. Sur fond d'environnement urbain et de paysage boisé, son porche d'entrée est majestueusement illuminé la nuit.

FRENCH EMBASSY, TOKYO
Office wing lit up at night

The landscaped wall of the ramped pedestrian access leading to the main embassy park buildings sets the scene for the rest of the itinerary, as the gallery opens onto a glazed patio surrounded by three office wings backing onto the forest landscape. The angular elongated forms and the glazed bays create an internal tension and drama offset by the sumptuous trees facing the garden side of the building. There is little glazing on the south side facade as it opens directly onto an existing building that overshadows the elevation. The landscape treatment combines a number of hard surfaces and accommodates the car park in the internal courtyard.

The building complies with the strictest environmental standards. The maximum rating "4.1 Optimal" according to the CASBEE Standard (Comprehensive Assessment System for Building Efficiency) was awarded to this project.

Bordée par un mur végétal, une rampe inclinée permet au visiteur d'accéder aux bâtiments principaux de l'ambassade. Elle met en scène le reste du parcours piéton, qui passe par un patio vitré situé à l'intersection des trois ailes de bureaux donnant sur la forêt. Les lignes brisées et les larges baies vitrées créent une tension interne en contraste avec le somptueux environnement arboré coté nord et le jardin avoisinant. Orientées vers des vis-à-vis construits qui dominent le parc, les façades au sud sont en revanche fermées. Leur traitement paysager allie différentes surfaces rugueuses, qui dissimulent le parking de la cour intérieure.

Le bâtiment est conforme aux normes environnementales les plus strictes et ce projet a reçu la note maximale « 4.1 Optimal » de la norme environnementale japonaise CASBEE (Comprehensive Assessment System for Building Efficiency).

FRENCH EMBASSY, TOKYO
Glazed patio surrounded
by office wings

_____ *The form is both infinite and definite, a single drop, "a cultural island" in the middle of a lake*

OPERA HOUSE, BEIJING
View across lake showing the purity of the "egg-like" form completed by its reflection in the water

Opera House Beijing, China

In association with Paul Andreu (architect), Aeroports de Paris won the competition for the design and engineering studies for the new Opera House, and in 2000 ADPI took over the contract from Aeroports de Paris. The National Centre for Performing Arts is located on the Chang'An Avenue in Beijing near to the central Tiananmen Square.

After a series of competition rounds, the architect proposed a project where the form differentiated itself from the neighbouring buildings on Avenue Chang'An: the form is both infinite and definite, a single drop "a cultural island" in the middle of a lake. Nothing can disturb the purity of the form, to enter the dome the visitors cross a glass gallery under the lake, arriving in a "theatre city", which is comprised of three large world class theatres and a number of other public cultural spaces. The many technical access routes are also via underground tunnels. Considered an innovative shape for Beijing in the 90s, the pureness of the form was nonetheless inspired by the fine lines to be found in traditional Chinese pottery.

In order to obtain a lightweight metallic structure, as can be seen in the glazed front which opens up like stage curtains, the Chinese and French engineers worked together modifying the building codes and regulations to optimise the specifications and calculations for the steel structure. To guarantee the geometric perfection necessary for the beauty of the dome, the Chinese builders preferred to use their own traditional methods rather than employing Western technology; the slightest error was tracked down and repaired by an army of labourers hoisted to the girders.

L'opéra de Pékin, Chine

Associé à l'architecte Paul Andreu, Aéroports de Paris a gagné le concours couvrant la conception et l'ingénierie du nouvel Opéra de Pékin, dont le contrat a été repris et exécuté par ADPI lors de sa création en 2000. Le National Centre for Performing Arts est situé sur l'avenue Chang'An à Pékin, à proximité de la place Tiananmen.

Après plusieurs tours de compétition, l'Architecte propose un projet dont la volumétrie s'affranchit de l'harmonisation avec les constructions voisines de l'avenue Chang'An: un grand dôme, d'une forme géométrique pure, reposant sur un plan d'eau qui le reflète. Rien ne perturbe la pureté de la forme: pour accéder au dôme –sous lequel se dresse une « ville des théâtres », comprenant trois grandes salles de premier plan mondial et une multitude d'espaces culturels publics–, les visiteurs traversent une galerie vitrée sous le bassin; les nombreux et contraignants accès techniques se font eux aussi par des tunnels souterrains. Cette forme, tout à fait innovante dans le Pékin de la fin des années 90, s'inspire pourtant de la pureté des lignes de la poterie traditionnelle chinoise.

Afin de garder la légèreté de la charpente métallique, dévoilée par une verrière à la forme d'un drapé de rideau de scène, les ingénieurs chinois et français ont collaboré pour faire évoluer les codes chinois, et introduire –en particulier– des méthodes de calcul plus efficaces et des nuances d'acier plus performantes. Pour obtenir la perfection géométrique nécessaire à la beauté du dôme, les constructeurs chinois ont eux préféré leur approche traditionnelle aux méthodes à haute technologie occidentales: le moindre défaut fût traqué et réparé par une armée d'ouvriers hissés dans la charpente.

The richness of the interiors of the Opera House resides in the absolute determination that motivated the client and building team to employ and search out the best artisans and the best materials available in China. Throughout the Opera are to be found superb lacquered finishes, balustrades in fine cut stone, wrought iron handrails and floors covered with marble from all the different regions in China.

The Opera House is above all a performer's workspace, a space for interpretation and expression, for discovery, reading, listening, and learning. It is designed as a specific place within the city, open and very accessible, a universe where artists and the public meet.

Enfin, toute la richesse de la décoration intérieure du « National Centre for Performing Arts » réside dans la volonté acharnée qui a poussé l'équipe à découvrir et mettre en valeur les meilleurs artisans et les meilleurs matériaux disponibles en Chine. On découvre partout superbes surfaces laquées, des mains courantes en pierre taillée, rambardes en fer forgées, de sols en marbres de toutes les régions de Chine.

Le Grand Opéra est avant tout le lieu d'expression des artistes, un espace dédié au jeu et à l'interprétation, mais c'est aussi pour le public le lieu de la découverte, la lecture, l'écoute et l'étude. Il est conçu comme un lieu spécifique dans la ville, ouvert et accessible, un univers de rencontre entre les artistes et le public.

OPPOSITE AND RIGHT
OPERA HOUSE, BEIJING
View of the vaulted glazed
shell; View showing the
main auditorium

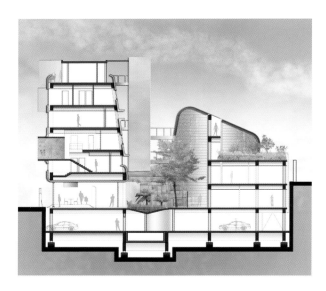

EUROPA HOUSE, TOKYO
The two blocks are separated
by suspended gardens in an
enclosed central patio

Europa House, European Commission Delegation Tokyo, Japan

The design and build competition for the European Commission "Europa House" was launched in October 2007 to select a private enterprise to design, finance, construct and maintain the buildings for a 15 year period. Taisei, a major contractor in Japan, contacted ADPI to prepare the design for this real estate development. The brief consisted of a housing and office complex of about 10,000m² for European Union representatives in Tokyo. On the basis of the studies undertaken by ADPI, the Taisei proposal was chosen by the Commission at the end of September 2008.

The development is broken down into three distinct parts; the reception area, office spaces and expatriate housing. The housing is located looking onto the street to take advantage of the south exposition and the view over Tokyo. The offices are located at the back of the site overlooking a landscaped garden. The two blocks are separated by suspended gardens in an enclosed central patio next to the reception area.

On the street front, the copper coloured loggia, with projections of varying sizes extend from the different apartments, setting up a dynamic rhythm and a colourful pattern. While on the garden side, the green office facade mirrors the tones of the landscape. This project, like the French Embassy in Tokyo, complies with CASBEE environmental standards.

Maison de l'Europe – Délégation européenne Tokyo, Japon

La compétition couvrant la conception et la construction de la « Maison de l'Europe » pour la Commission Européenne à Tokyo a été lancée en octobre 2007. Elle avait pour objectif la sélection d'une entreprise privée chargée de concevoir, financer, construire et assurer la maintenance des bâtiments pour une durée de 15 ans. Taisei, un des plus grands constructeurs du Japon, a contacté ADPI pour préparer la conception de ce projet immobilier. L'objectif du programme est de réaliser un ensemble immobilier d'environ 10 000 m², comprenant des bureaux et des logements destinés aux représentants de l'Union européenne à Tokyo. Sur la base des études menées par ADPI, la proposition de Taisei a été retenue par Bruxelles fin septembre 2008.

Le projet est composé de trois parties : l'accueil, les bureaux et les logements des expatriés. Les logements sont implantés sur la rue, bénéficiant d'une exposition au sud et de la vue sur Tokyo. Localisés à l'arrière du site, les bureaux surplombent un jardin paysager. Ces deux parties sont reliées par des jardins suspendus entourés par un patio central fermé, à proximité des halls d'accueil.

Côté rue, les tailles différentes et le coloris ocre des loggias prolongeant les appartements imposent un rythme dynamique et coloré. Côté jardin, le vert du revêtement extérieur rappelle les tonalités du paysage. Tout comme l'ambassade de France à Tokyo, ce projet respecte la norme environnementale CASBEE.

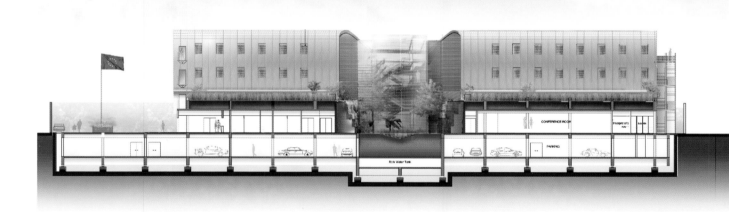

EUROPA HOUSE, TOKYO
Front and back elevations

_____ *On the street front, the copper coloured loggia, with projections of varying sizes extend from the different apartments, setting up a dynamic rhythm and a colourful pattern. While on the garden side, the green office facade mirrors the tones of the landscape*

HANGZHOU CONFERENCE CENTRE
View showing planted roof tops
cascading down the site against
the tropical forest backdrop;
View showing the interwoven
architectural language and
landscape

Hangzhou Conference Centre Architectural Competition, China

Hangzhou, which is one of the most luxurious garden cities, is well-known for its lush vegetation and high quality holiday homes. The Hangzhou government formed a partnership with a local developer for the conference centre architectural competition and stipulated from the outset, a desire to promote an innovative contemporary design in harmony with the environment. The project is situated overlooking the Hangzhou Lake, one of the biggest tourist attractions in the region.

ADPI led the architectural design stage in partnership with UA Design who in turn went on to detail the project. Several concepts were developed for the site before settling on the final solution that was chosen for its harmonious atmosphere where the landscape and architecture are interwoven, reflected in the continuous curvilinear, overlapping forms and planted roof tops that cascade down the site against the tropical forest backdrop. The centre covers an area of 10,000m² and includes housing units for the lecturers as well as an international conference centre.

The conference centre architecture is mainly composed of curves, convex and concave surfaces, in harmony with the natural elements of the site. The floor slopes from the park towards the lake and from the terraces to the mountain. There is no complex structure, but overlapping flowing spaces, framing the strong elements of the site landscape. There is no opaque facade but galleries opening onto a variety of panoramic views.

Centre de conférence de Hangzhou – Concours d'architecture

Renommée pour la profusion de sa végétation et pour ses résidences de villégiature, Hangzhou possède des jardins d'une luxuriance étonnante. Le gouvernement de la ville a établi un partenariat avec un promoteur local pour le lancement des études de conception d'un nouveau centre de conférences. Il a exprimé dès le départ son désir de promouvoir une conception innovante et contemporaine, en harmonie avec l'environnement. Le projet est situé au-dessus du lac de Hangzhou, site touristique majeur de la région.

ADPI a mené la phase d'élaboration du concept, en partenariat avec UA Design, chargé de la conception détaillée. Parmi les différents concepts élaborés pour le site, la solution retenue possède un caractère harmonieux qui mêle l'architecture au paysage grâce à des courbes, des formes en recouvrement et des toitures végétalisées qui s'étagent sur les pentes du site, sur fond de forêt tropicale. Le centre couvre une superficie de 10 000 m² et il comprend de multiples logements destinés aux intervenants, ainsi qu'un centre international de conférences.

L'architecture du centre est composée essentiellement de courbes et de surfaces convexes et concaves, s'intégrant harmonieusement aux éléments naturels du site. Des pentes douces relient le parc au lac et les terrasses à la montagne. La structure du bâtiment ne présente pas de complexité. Elle est constituée d'espaces qui se recouvrent, calqués sur les caractéristiques du paysage, sans façade opaque, mais avec des galeries ouvertes sur des paysages variés.

_____The landscape and architecture are interwoven, reflected in the continuous curvilinear, overlapping forms and planted roof tops_

05.4

____Whether it pertains to cultural diversity or programme diversity, ADPI has put "diversity and flexibility" high up on the list of prerogatives for its future horizons

05.4 FUTURE HORIZONS

Airports today are intrinsic regional poles of exchange as well as important gateways to other cultures and are thus nationally and internationally important social centres connecting communities, facilitating communication, transporting goods and people. Airports are also part of a larger national transport network where air, rail, road and maritime connections overlap.

The multi-functional social and inter-modal dimensions are central to airport planning and design and are considered by ADPI designers to be the way forward to building sustainable airports where people and the environment are at the heart of the process rather than the primacy of technological considerations.

ADPI has offices in ten countries, works right across the globe and among the 700 employees there are over 40 different nationalities. This diverse and multi-cultural structure has enabled ADPI to offer a wide range of architectural and engineering services in many different languages and cultures and to gain vast experience in a large variety of situations. Whether it pertains to cultural diversity or programme diversity, ADPI has put "diversity and flexibility" high up on the list of prerogatives for its future horizons.

05.4 NOUVEAUX HORIZONS

Les aéroports sont aujourd'hui devenus de véritables pôles régionaux d'échange et des points de passage essentiels entre les cultures. Ils jouent un rôle important au niveau national et international, assurant la liaison entre les communautés et facilitant les communications et le transport des personnes et des biens. Ils sont également essentiels au réseau de transport national qui intègre air, rail, route, fleuve et mer.

Les dimensions multifonctionnelles, sociales et intermodales des aéroports sont aujourd'hui essentielles au métier de planification et de conception des aéroports. Elles sont la préoccupation première des architectes et ingénieurs d'ADPI, qui placent les êtres humains et l'environnement au cœur du processus, devant les considérations technologiques.

Avec des bureaux dans 10 pays, ADPI intervient dans le monde entier et emploie 700 personnes de plus de 40 nationalités différentes. Cette diversité et ce multiculturalisme permettent à ADPI de proposer une large gamme de services d'architecture et d'ingénierie, dans différentes langues et s'adressant à différentes cultures, et d'accumuler en permanence une expérience vaste et variée. Qu'il s'agisse de diversité culturelle ou de variété des programmes, ADPI a choisi « la diversité et la souplesse » comme orientation majeure de ses nouveaux horizons.

JIANGSU GRAND THEATRE, CHINA
ARCHITECTURAL COMPETITION
View showing the theatre at night

PROJECT INDEX

ABU DHABI INTERNATIONAL AIRPORT, UNITED ARAB EMIRATES [1]

Pages 012
Inaugurated 1982
Client Abu Dhabi Ministry of Works
Number of passengers 3.1 Mpax
Area 45,000m²
Discipline Architecture, Airport Consultancy, Construction Engineering
Scope of services Design, Construction Monitoring

ABU DHABI CONTROL TOWER, UNITED ARAB EMIRATES

Pages 040–043
Status Under construction
Client Supervision Committee for the Expansion of ADIA
Height 110m
Total built area 5,000m²
Discipline Architecture, Airport Consultancy, Construction Engineering
Scope of services Competition, Design, Construction Monitoring

AIRBUS A380 FINAL ASSEMBLY LINE COMPLEX, TOULOUSE

Pages 048–055
Inaugurated 2004
Client Airbus
Associates Technip, Cardete and Huet Architects
Capacity 4–8 aircraft per month
Areas:
Hangars 100,000m²
Workshops 32,000m²
Offices 34,000m²
Discipline Architecture, Airport Consultancy, Construction Engineering
Scope of services Design, Construction Monitoring

CAIRO CONTROL TOWER, EGYPT

Pages 044, 045
Status Under construction
Client Daal Handasah National Navigation Air Service
Areas:
Cab 85m²
Technical services 2,000m²
Discipline Architecture, Airport Consultancy, Construction Engineering
Scope of services Design, Construction Monitoring

INDEX DES PROJETS

CENTRAL BUSINESS DISTRICT,
BEIJING, CHINA

Pages 130–133
Status n/a
Client Beijing CBD Administrative Committee
Project area 305 hectares
Built area 7,000,000m²
(50% offices, 25% housing and 25% retail,
public facilities and spaces)
Discipline Architecture, Urban Planning
Scope of services Competition

CHARLES DE GAULLE AIRPORT
TERMINAL 1, PARIS [1]

Pages 010, 011, 022–025, 071
Inaugurated 1974
Client Aeroport de Paris
Architect Paul Andreu
Number of passengers 10 Mpax
Total built area 210,000m²
Discipline Architecture, Airport Consultancy,
Construction Engineering
Scope of services Design, Construction Monitoring

CHARLES DE GAULLE AIRPORT
TERMINALS 2A, 2B, 2C, 2D [1]

Pages 026, 027
Inaugurated 1993
Client Aeroport de Paris
Architect Paul Andreu
Number of passengers 20 Mpax
Total built area 213,000m²
Discipline Architecture, Airport Consultancy,
Construction Engineering
Scope of services Design, Construction Monitoring

CHARLES DE GAULLE AIRPORT
TERMINAL 2F, PARIS [1]

Pages 030, 031
Inaugurated 1998
Client Aeroport de Paris
Architect Paul Andreu
Number of passengers 12 Mpax
Features 21 remote stands, 22 contact stands
Total built area 166,000m²
Discipline Architecture, Airport Consultancy,
Construction Engineering
Scope of services Design, Construction Monitoring

CHARLES DE GAULLE AIRPORT
TGV STATION, PARIS [1]

Pages 028, 029
Inaugurated 1994
Client Aeroport de Paris
Architect Paul Andreu, JM Duthilleul
Discipline Architecture, Construction Engineering
Scope of services Design, Construction Monitoring

DUBAI UAE INTERNATIONAL AIRLINE MAINTENANCE CENTRE

Pages 036, 056–059
Inaugurated 2006
Client Emirates Airline
Areas:
8 hangars 100,000m²
Workshops 120,000m²
Offices 30,000m²
Car park 70,000m²
Total 320,000m²
Discipline Architecture, Airport Consultancy, Construction Engineering
Scope of services Design, Construction Monitoring

DUBLIN INTERNATIONAL AIRPORT, TERMINAL 1 EXTENSION, REPUBLIC OF IRELAND

Pages 086, 087
Inaugurated 2009
Client Dublin Airport Authority (DAA)
Associates RPS, CH2M Hill
Number of passengers 21 Mpax
Extension area 7,000m²
Discipline Architecture, Airport Consultancy, Construction Engineering
Scope of services Competition, Design, Construction Monitoring

EL DORADO INTERNATIONAL AIRPORT COLOMBIA, BOGOTA

Pages 069, 093–101
Status Under construction
Client Grupo OPAIN Concession Holder for El Dorado Airport
Partnership B. Zyscovich
Total built area 150,000m²
Discipline Architecture, Airport Consultancy, Construction Engineering
Scope of services Design, Client's Technical Assistant

ENFIDHA CONTROL TOWER, TUNISIA

Pages 046, 047
Inaugurated 2010
Client Office de l'Aviation Civile et des Aeroports
Cab height 90m
Technical services area 3,370m²
Discipline Architecture, Airport Consultancy, Construction Engineering
Scope of services Competition, Design, Construction Monitoring

EUROPA HOUSE, EUROPEAN COMMISSION DELEGATION TOKYO, JAPAN

Pages 134, 144, 145
Status Under construction
Client Tasei
Area 10,000m²
Discipline Architecture, Construction Engineering
Scope of services Competition, Design

FRENCH EMBASSY TOKYO, JAPAN

Pages 017, 136–139
Status Under construction
Client Consortium Mitsui, Nomura, Takenaka
Associate Kume Sekkei Co Ltd
Area 2.5 hectares
Built area 8,000m²
Discipline Architecture, Construction Engineering
Scope of services Competition, Design

GREEN CITY RESORT, LIBYA, GREEN CITY

Pages 128, 129
Status On hold
Client Landbank Ltd
Area 260 ha
Discipline Architecture, Urban Planning
Scope of services Competition, Design

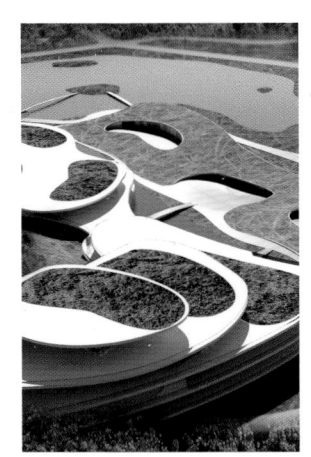

HANGZHOU CONFERENCE CENTRE, CHINA

Pages 146, 147
Status n/a
Client Hangzhou Fen Guang International
Architectural Culture Centre Co Ltd
Partnership ADPI Group Leader UA Design and
Chinese JV U&A
Area 10,000m²
Discipline Architecture, Construction, Engineering
Scope of services Competition, Design,
Client Representative

INTERNATIONAL PASSENGER TERMINAL DUBAI, UNITED ARAB EMIRATES

Pages 075, 083, 084, 090, 120, 121
Inaugurated 2008
Client Dubai Civil Aviation Authority
Associate Dar al Handasah
Number of Passengers 40 Mpax
Features C2 27 contact stands
Features C3 24 remote stands
Terminal 3 area 340,000m²
Area C2 370,000m²
Area C3 340,000m²
Area Car park 225,000m²
Discipline Architecture, Airport Consultancy,
Construction Engineering
Scope of services Competition, Design,
Construction Monitoring

INTERNATIONAL AIRPORT PASSENGER TERMINAL, MAURITIUS

Pages 108–111
Status Under construction
Client ATOL Airport Technical Operations Ltd
Number of passengers 4 Mpax
Area 60,000m²
Discipline Architecture, Airport Consultancy,
Construction Engineering,
Scope of Services Design, Construction Monitoring

OPERA HOUSE BEIJING, CHINA

Inaugurated 2007
Client National Centre for Performing Arts Committee
Architect Paul Andreu
Total built area 150,000m²
Features:
1 Opera House (2,500 seats)
1 Concert Hall (2,000 seats)
1 Theatre (1,000 seats)
Discipline Architecture, Urban Planning, Construction Engineering
Scope of services Design, Construction Monitoring

KANSAI INTERNATIONAL AIRPORT, JAPAN 1

Inaugurated 1994 (Phase 1)
Client Kansai International Company
Architect Renzo Piano
Number of passengers 30 Mpax
Area 330,000m²
Discipline Architecture, Airport Consultancy
Scope of services Client Representative, Design

KING ABDULAZIZ INTERNATIONAL AIRPORT
SAUDI ARABIA, JEDDAH

Status Under construction
Client Civil Aviation Authority
Number of passengers 30 Mpax
Control Tower height 130m high
Features 46 contact stands, 10 remote stands
Total built area 700,000m²
Discipline Architecture, Airport Consultancy Construction Engineering
Scope of services Competition, Design

JIANGSU GRAND THEATRE, NANJING, CHINA

Status Competition
Chinese Partnership Southeast University of Nanjing
French Partnership CSTB, Riovalec, Coyne & Bellier
Project components:
1 opera house 2,300 seats
1 concert hall 1,500 seats
1 theatre 1,000 seats
1 multifunctional hall 800 seats
Project area 130,000m²
Discipline Architecture, Construction Engineering
Scope of services Competition

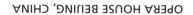
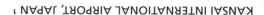

© Black Dog Publishing Limited/ADPI

Black Dog Publishing Limited
10a Acton Street
London WC1X 9NG
United Kingdom
Tel : + 44 (0)20 7713 5097
Fax : + 44 (0)20 7713 8682
info@blackdogonline.com
www.blackdogonline.com

ADPI
Bátiment 641 – Orly Zone Sud
91204 Athis-Mons Cedex – France
Tel: + 33 (0)1 49 75 11 00
Fax: 33 (0)1 49 75 13 91/98
email: development@adp-i.com
http://www.adp-i.com

Editorial committee: Alain Le Pajolec, Romain Boscher, Pierre Bourgin,
Dominique Chavanne, Philippe Delaplace, Susan Dunne, Felipe Starling

English text written and book compiled by Susan Dunne for ADPI

Designed by Colm Dunne and Ger Heffernan at Connolly Cleary
www.unitstudio.net

ISBN 978 1 907317 15 6

British library Cataloguing-in-Publication Data.
A CIP record for this book is available from the British Library.